W0361656

Florian Holzer

Wein und Wien

Gehen, Sehen & Genießen

10 Routen durch Wien als Hauptstadt
des Weins: Weinbars, Vinotheken, Heurigen,
Buschenschenken, Weinberge und Rieden.

Fotos: Katharina Gossow

Falter Verlag

BEETHOVEN HAUS
MAYER AM PFARRPLATZ

1190 - Wien, Pfarrplatz 2 • T. +43 1 370 12 87

BEETHOVEN UND DER WEIN

PFARRWIRT

Das älteste Gasthaus Wiens!

1190 - Wien, Pfarrplatz 5 • T.: +43 1 370 73 73

Inhalt

Autor: Florian Holzer
Fotos: Katharina Gossow
Karten: arbeitsgemeinschaft kartographie
Lektorat: Helmut Gutbrunner
Covergrafik und Layout: Marion Großschädl
Produktion: Susanne Schwameis
Printed in EU

ISBN: 978-3-85439-401-3
© 2008 Falter Verlagsgesellschaft m.b.H.
1011 Wien, Marc-Aurel-Straße 9
Tel. +43/1/536 60-0, Fax +43/1/536 60-935
E-Mail/Verlag: bv@falter.at
E-Mail/Bestellungen: service@falter.at
Homepage/Bookshop: www.faltershop.at
Alle Rechte vorbehalten.

Dieses Buch erhebt keinen Anspruch auf Vollständigkeit. Obwohl wir versucht haben, so gründlich wie möglich zu sein, können wir Fehler oder Änderungen bei Öffnungszeiten und Nummern, die sich seit Erscheinen ergeben haben, nicht ganz ausschließen. Bitte haben Sie dafür Verständnis, dass wir keine inhaltliche Haftung übernehmen.

LEGENDE

= Kaffeehäuser
= Restaurants, Gasthäuser
= Kultur
= Literatur
= Hotel
= Shopping

Vorwort

Wein und Wien. Das klingt zwar irgendwie ähnlich, ist aber trotzdem Zufall. Denn obwohl der Wein in Wiens Geschichte stets eine nicht unwesentliche Rolle spielte, leitet sich Wiens Name nicht vom schönen Getränk, sondern vom keltischen Wort für Waldbach („vedunia") ab, bei dem man am Fuße des Leopoldsberges siedelte und den die Römer später zu „vindobona" verballhornten.

Was aber egal ist, denn in Wien gibt's Wein schon seit der Römerzeit, also quasi seit immer, und zwar durchaus dort, wo man auch heute noch Weingärten findet: Mit dem Wiener Wein kamen Wiener Bürger einst zu Ansehen und Wohlstand, Wiens Weingärten waren die Orte, wo politische Verschwörungen und Ränke geschmiedet wurden. Die Wiener Rieden und ihre vergorenen Früchte inspirierten und motivierten nicht nur Beethoven, Mozart, Schubert und Strauß, sondern ganze Generationen von Dichtern, Komponisten und Malern. Natürlich galt der Wiener Wein lange Zeit keineswegs nur als urbane Kuriosität im österreichischen Wein-Portfolio, sondern als einer der besten in ganz Europa. Außerdem gibt es heute immer noch an die 700 Hektar Weingärten auf Wiener Stadtgebiet, die von gut 300 haupt- und nebenberuflichen Weinhauern bewirtschaftet werden. Was für eine Metropole einigermaßen ungewöhnlich ist, einen nicht unwesentlichen Anteil der Wiener Landwirtschaft darstellt und Wien nicht zuletzt zu einem eigenständigen Weinbaugebiet macht, das immerhin halb so groß ist wie die Wachau und so-

Herbstliche Stimmung in den Weingärten um die Reinischgasse

mit weit davon entfernt, ein unbedeutendes Nischendasein zu fristen.
Und schließlich erlebt der Wein in Wien derzeit einen ziemlichen Boom, und zwar in jeder Hinsicht: Jetzt, wo der in Wien gewachsene Wein gerade zu neuer Größe und neuer Qualität erblüht, wird in Wien auch immer mehr und immer besserer Wein an immer interessanteren Orten gekauft und getrunken.
Das war der Anlass, diesen kleinen Wanderführer zu verfassen, der den Weg sowohl zu jenen Plätzen weist, an denen es besonders viel Spaß macht, guten Wein zu genießen, zu den besten, coolsten, interessantesten, neuesten und ältesten Vinotheken, Weinbars und Kellern der Stadt, als auch zum Ursprung und den Schauplätzen des neuen Wiener Weinwunders, zu den Heurigenorten am südlichen, nordwestlichen und nördlichen Stadtrand, nach Grinzing, Neustift, Heiligenstadt und Nußdorf, nach Stammerdorf und Strebersdorf, nach Mauer und Oberlaa. Dort wird gezeigt, wo und wie der Wein wächst und warum er so ist, wie er ist, wird der Frage nachgegangen, ob an den schönsten Plätzen des Nußbergs, Bisambergs, am Cobenzl oder am Kadolzberg wirklich auch die tollsten Weine wachsen, wie traditionell oder modern die Heurigen noch oder schon sind und ob die Alten wirklich nur die Asche hüten und die Neuen tatsächlich die Glut schüren.

Heurigenbuffet – einfach, deftig, typisch

In diesem Sinne wünsche ich viel Spaß, festes Schuhwerk und einen sicheren Tritt beim Erwandern des Wiener Weins. Und wenn Sie einen hübschen Weg, eine wunderbare Perspektive, einen tollen Heurigen oder eine ziemlich coole Weinbar entdecken, die Sie hier nicht vorfinden, so ist das nicht nur möglich, sondern durchaus auch im Sinne individuellen Erlebens.

Florian Holzer

samtig
kräftig
robust
rlesen
schlank
trocken, frisch, fruchtig.
duftig
spritzig
legant
mild
reif
traubig
rund
Öffnungszeiten Weinverkauf:
Vormittags:
Mo–Fr 8–12 Uhr
Nachmittags:
Mo–Mi 14–17 Uhr,
Do 14–16 Uhr
und nach telefonischer Vereinbarung: 01/320 58 05
aromatisch
resch
© MA 49/Lammerhuber
Weingut Wien Cobenzl
Weißburgunder Reisenberg
Grüner Veltliner Classic
Blauer Zweigelt Senator
Weingut Wien Cobenzl
Am Cobenzl 96, 1190 Wien
office@weingutcobenzl.at
www.weingutcobenzl.at

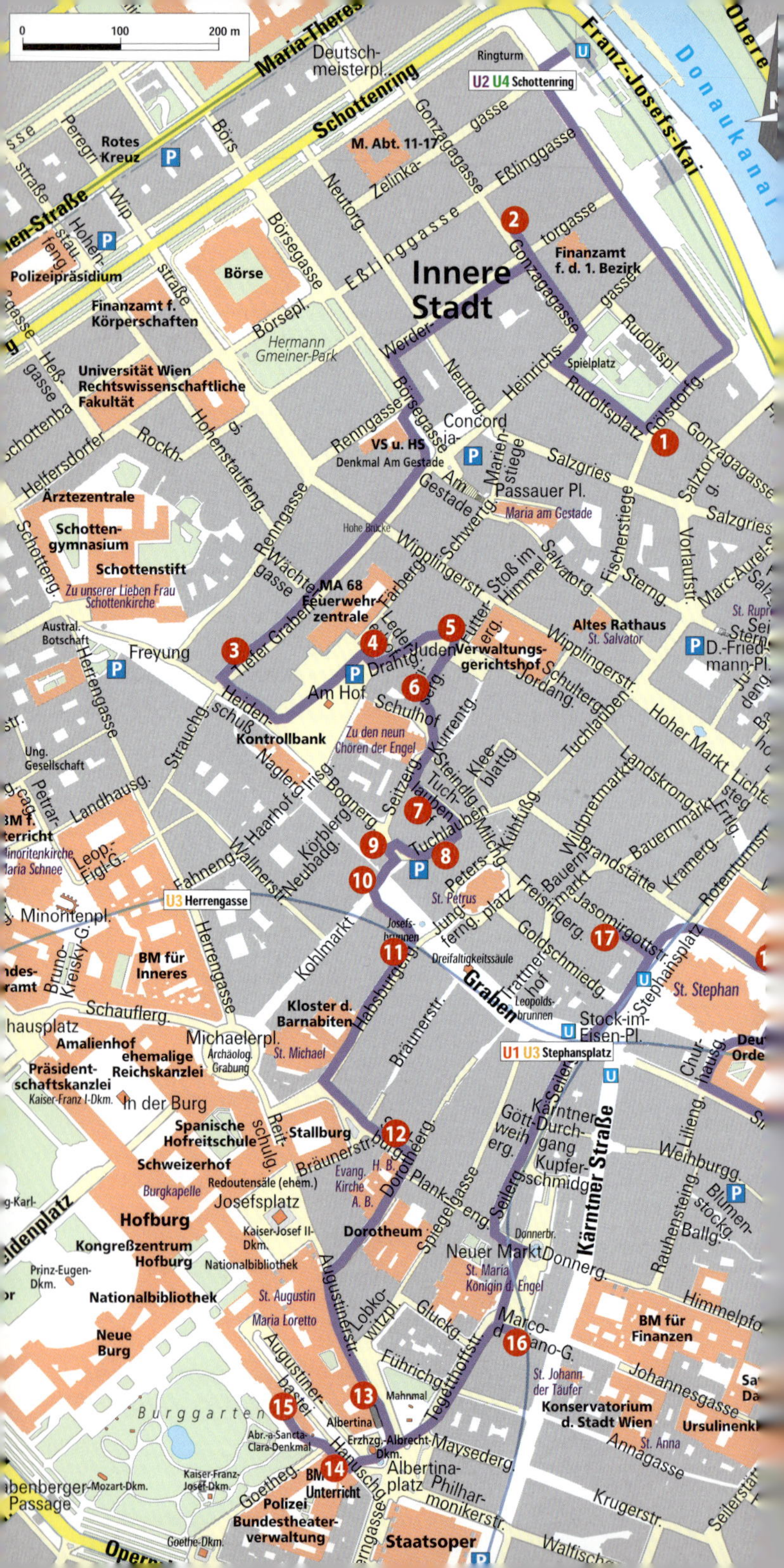

0
100
200 m
Maria-Theresien-Str.
Deutschmeisterpl.
Ringturm
U2 U4 Schottenring
Franz-Josefs-Kai
Donaukanal
Obere
Schottenring
Rotes Kreuz
Peregrinstr.
Börs
M. Abt. 11-17
Gonzagagasse
Zelinkagasse
Eßlinggasse
Neutorg.
Hohenstaufeng.
Wipplingerstr.
Polizeipräsidium
Börse
Börsegasse
Innere Stadt
Finanzamt f. d. 1. Bezirk
Finanzamt f. Körperschaften
Börsepl.
Hermann Gmeiner-Park
Werderg.
Heinrichsg.
Rudolfspl.
Rudolfsplatz
Spielplatz
Heßgasse
Universität Wien Rechtswissenschaftliche Fakultät
Schottenbastei
Helferstorferstr.
Rockhg.
Hohenstaufeng.
Renngasse
VS u. HS
Denkmal Am Gestade
Concordiaplatz
Marienstiege
Salzgries
Passauer Pl.
Maria am Gestade
Am Gestade
Schwertg.
Gölsdorfg.
Gonzagagasse
Salztorg.
Ärztezentrale
Schottengymnasium
Schottenstift
Zu unserer Lieben Frau Schottenkirche
Schotteng.
Hohe Brücke
Wächtergasse
MA 68 Feuerwehrzentrale
Färberg.
Stoß im Himmel
Salvatorg.
Fischerstiege
Sterng.
Vorlaufstr.
Marc-Aurel-Str.
Austral. Botschaft
Freyung
Tiefer Graben
Ledererhof
Drahtg.
Judenpl.
Futterg.
Verwaltungsgerichtshof
Altes Rathaus
St. Salvator
St. Ruprecht
D.-Friedmann-Pl.
Judengasse
Herrengasse
Am Hof
Heidenschuß
Schulhof
Jordang.
Schulterg.
Wipplingerstr.
Tuchlauben
Hoher Markt
Kontrollbank
Zu den neun Chören der Engel
Kurrentg.
Strauchg.
Naglerg.
Irisg.
Steindlg.
Kleeblattg.
Landskrong.
Ung. Gesellschaft
Petrarcag.
Landhausg.
Haarhof
Bognerg.
Seitzerg.
Tuchlauben
Milchg.
Kühfußg.
Wildpretmarkt
Bauernmarkt
Brandstätte
Lichtensteg
Ertlg.
Rotenturmstr.
BM f. Unterricht
Minoritenkirche Maria Schnee
Leop.-Figl-G.
Wallnerstr.
Körblerg.
Neubadg.
Fahnengasse
Petersplatz
Freisingerg.
Kramerg.
U3 Herrengasse
St. Petrus
Jungferng.
Jasomirgottstr.
Minoritenpl.
Josefsbrunnen
Dreifaltigkeitssäule
Goldschmiedg.
Bruno-Kreisky-G.
BM für Inneres
Kohlmarkt
Graben
Trattnerhof
Stephansplatz
St. Stephan
Bundeskanzleramt
Schauflerg.
Kloster d. Barnabiten
Habsburgerg.
Leopoldsbrunnen
Stock-im-Eisen-Pl.
Ballhausplatz
Amalienhof
Michaelerpl.
Archäolog. Grabung
St. Michael
Bräunerstr.
U1 U3 Stephansplatz
Churhausg.
Deutscher Orden
Präsidentschaftskanzlei
ehemalige Reichskanzlei
Kaiser-Franz I-Dkm.
In der Burg
Seilerg.
Kärntner Durchgang
Göttweihergasse
Kärntner Straße
Liliengasse
Spanische Hofreitschule
Reitschulg.
Stallburg
Bräunerstr.
Dorotheerg.
Kupferschmiedg.
Weihburgg.
Schweizerhof
Redoutensäle (ehem.)
Evang. Kirche A. B.
H. B.
Plankengasse
Spiegelgasse
Seilerstätte
Blumenstockg.
Ballg.
Rauhensteing.
Burgkapelle
Josefsplatz
Heldenplatz
Hofburg
Kaiser-Josef II-Dkm.
Dorotheum
Donnerbr.
Neuer Markt
Donnerg.
Kongreßzentrum Hofburg
Nationalbibliothek
Prinz-Eugen-Dkm.
Augustinerstr.
St. Maria Königin d. Engel
Himmelpfortg.
Nationalbibliothek
St. Augustin
Maria Loretto
Lobkowitzpl.
Gluckg.
Marco-d'Aviano-G.
BM für Finanzen
Neue Burg
Augustinerbastei
Führichg.
Tegetthoffstr.
St. Johann der Täufer
Johannesgasse
Burggarten
Mahnmal
Albertina
Konservatorium d. Stadt Wien
Ursulinenkirche
Abr.-a-Sancta-Clara-Denkmal
Erzhzg.-Albrecht-Dkm.
Maysederg.
St. Anna
Annagasse
Babenberger-Passage
Mozart-Dkm.
Kaiser-Franz-Josef-Dkm.
Goetheg.
BM Unterricht
Hanuschg.
Albertinaplatz
Philharmonikerstr.
Krugerstr.
Seilerstätte
Polizei
Bundestheaterverwaltung
Operngasse
Goethe-Dkm.
Staatsoper
Walfischg.
Opernring
1
2
3
4
5
6
7
8
9
10
11
12
13
14
15
16
17

ROUTE 1

City-Weinbars – Boomangelegenheit

Ausgangspunkt: Schottenring (U2, U4, Straßenbahn 1, 2)
Endpunkt: Dr.-Karl-Lueger-Platz (U3, Straßenbahn 1, 2)
Die Route: Franz-Josefs-Kai – Gölsdorfgasse (❶ Unger und Klein) – Rudolfsplatz – Gonzagagasse (❷ Aubergine) – Werdertorgasse – Börsegasse – Concordiaplatz – Tiefer Graben (❸ Weinplateau Südafrika) – Heidenschuß – Am Hof (❹ Alpe Adria) – Drahtgasse – Judenplatz (❺ ella's) – Parisergasse (❻ Bodega Marqués) – Schulhof – Seitzergasse – Tuchlauben (❼ Fino ❽ fabios) – Petersplatz (Le Cru) – Bognergasse (❾ Zum Schwarzen Kameel) – Graben (❿ Meinl am Graben) – Habsburgergasse (⓫ Villon) – Stallburggasse (⓬ Weinkontor Pagacs) – Dorotheergasse – Augustinerstraße (⓭ Vinothek am Albertinaplatz) – Albertinaplatz – Hanuschgasse (⓮ La Divina) – Burggarten (⓯ Palmenhaus) – Albertinaplatz – Tegetthoffstraße – Neuer Markt – Marco-d'Aviano-Gasse (⓰ Reiss-Bar) – Seilergasse – Stephansplatz – Jasomirgottstraße (⓱ Wein & Co) – Stephansplatz (⓲ Vinothek St. Stephan) – Passage zur Wollzeile (⓳ Vis-à-vis) – Stephansplatz – Churhausgasse – Singerstraße (⓴ Grams & Co) – Coburgbastei (㉑ Palais Coburg) – Stubenbastei – Wollzeile (㉒ Böhle) – Dr.-Karl-Lueger-Platz (㉓ Tinto Rosso)

Unbedingt hingehen:
- ✶ Zum Schwarzen Kameel
- ✶ Meinl am Graben
- ✶ Palais Coburg
- ✶ Unger und Klein
- ✶ Le Cru

Wein ist in Wien seit etwa 15 Jahren Boomangelegenheit ersten Ranges. Das heißt: Weinbars und Vinotheken schießen aus dem Boden und verschwinden ebenso schnell wieder; Szenelokale versorgen sich mit Weinkellern und -karten, wie man sie früher nur aus Gourmetrestaurants kannte; Wein in erstklassiger Qualität ist in Wiens Innenstadt allgegenwärtig.
Wollte man alle Adressen der Wiener Innenstadt nennen, an denen man guten Wein kaufen oder trinken kann, bliebe in diesem Büchlein kein Platz mehr für andere Kapitel, weshalb sich die folgende Route primär mit jenen Adressen beschäftigt, deren Angebot, Präsentation, Atmosphäre oder kulinarische Neben-

effekte außergewöhnlich sind und die noch dazu gerade ganz gut am Weg liegen. Die Tour in ihrer Komplettheit abzuklappern ließen freilich weder Gesundheit noch Öffnungszeitsituation zu. Die Wegstrecken sind bei dieser Route, wo die Stationen naturgemäß recht nah beieinanderliegen, auch nur als Option zu sehen und nach Belieben variierbar.

Wir beginnen die Route am Franz-Josefs-Kai, folgen ihm einige Häuserblöcke und biegen bei der Gölsdorfgasse rechts in den Rudolfsplatz ein. Hier befinden wir uns im Herzstück des sogenannten Textilviertels, jenem Teil der Wiener Innenstadt, der aufgrund seiner Nähe zur Donau (der Donaukanal war schon vor seiner Regulierung Wiens ein schiffbarer Donauarm) immer schon von Lagerhäusern und großen Depots geprägt war. Entlang des Salzgries und der Gonzagagasse befinden sich hinter den Fassaden der gründerzeitlichen Häuser nach wie vor große Stoff- und Textillager, die aber heute großteils anders genutzt werden. Zum Beispiel als Weinhandlung und Bar, wie das **❶ Unger und Klein** (1., Gölsdorfgasse 2, Tel. 01/532 13 23, www.ungerundklein.at, Mo–Fr 15–24, Sa 17–24 Uhr), von Helmut Unger und Michaela Klein seit Anfang der 1990er-Jahre betrieben, von Wiens legendären Innenarchitekten Eichinger oder

Knechtl gestaltet und nach wie vor einer der hippsten Orte, wenn es in der City um die Kombination von Wein und Szene geht. Wobei man sich vom außerordentlich tollen Design des Lokals und dem großen Aufkommen an Kreativen, Künstlern und anderen Szenemenschen keineswegs davon ablenken lassen sollte, dass das Unger und Klein tatsächlich eine erstklassige Weinhandlung ist: über 1200 Weine in den Regalen, an die zwanzig offen, Schwerpunkt zweifellos Österreich, aber auch in Sachen Frankreich, Italien, Spanien und Übersee ist das Angebot durchaus befriedigend. Zu essen gibt's auch ein bisschen was, primär aus der Antipasti-Abteilung sowie recht feine Würste und Schinken, einmal pro Woche wird auch gekocht, und dann ist hier mit ziemlicher Sicherheit Party.

Die schönste Weinbar Wiens: Unger und Klein

Wir überqueren den Rudolfsplatz und folgen der Gonzagagasse, queren die Werdertorgasse, wo seit einigen Jahren mit dem ▶ Pasta ... e basta (1., Werdertorgasse 10, Tel. 01/796 65 42, www.pastaebasta.at, Mo–Fr 10–23, Sa 10–15 Uhr) Wiens beste frische Pasta erzeugt wird, die man entweder erwerben oder zubereitet gleich vor Ort genießen kann, und stehen relativ bald vor einem Lokal namens ❷ **Aubergine** (1., Gonzagagasse 14, Tel. 01/968 31 83, www.aubergine.at, Mo–Fr 11–14.30,

Aubergine: Brasserie mit hoher Weinkompetenz

18–24 Uhr). Dieses seit 2006 existierende, unprätentiöse City-Bistro sticht aus drei Gründen hervor: Erstens ist Michael Wiesinger hier Co-Besitzer und Sommelier, und dieser Michael Wiesinger kümmerte sich schon in Restaurants wie Steirereck und Meinl am Graben um die Weinauswahl, und zwar hier wie dort auf eine absolut entspannte und unverkrampfte Art und Weise; zweitens sorgt Wiesinger für eine Weinkarte, die nicht nur alles enthält, was Rang und Namen hat, sondern vor allem auch solches, was gerade extrem interessant ist oder in näherer Zukunft interessant werden könnte. Hier kann man also dem weinmäßigen Trendsetting beim Werden zusehen. Und drittens wird hier auch extrem gut, sehr speziell austro-mediterran und mit kreativem Witz gekocht.

Wir kehren zurück zur Werdertorgasse, folgen ihr bis zur Börsegasse, in die wir links einbiegen, überqueren den Concordiaplatz mit seinen ▶ hübschen frühmittelalterlichen Häuschen unterhalb der eindrucksvollen gotischen „Knick-Kirche" ▶ Maria am Gestade und begeben uns in den Tiefen Graben. Diese Gasse heißt so, weil hier früher einmal der Ottakring Bach floss, dessen Flussbett schon ein Teil der Befestigung des römischen Militärlagers Vindobona war. Längst in einen Kanal gefasst, kann man sich das Bachbett aber immer noch gut vorstellen, nicht zuletzt aufgrund der wunderschönen „Hohen Brücke", 1903 von Josef Hackhofer im Jugendstil errichtet. Unmittelbar davor befindet sich das legendäre Hotel Orient, Wiens renommiertestes und durchwegs geachtetes Stundenhotel, in dem man natürlich auch Wein und Champagner trinken kann, das zu diesem Zweck allerdings nur selten aufgesucht wird.

Weinplateau Südafrika

Auf der rechten Seite des Tiefen Grabens findet man die kleine Vinothek ❸ **Weinplateau Südafrika** **(1., Tiefer Graben 7, Tel. 01/908 12 00, www.weinplateau.com, Mo–Sa 16–22 Uhr)**, in der etwa siebzig Weine diverser südafrikanischer Weingüter zu bekommen sind, darunter einige unbekannte Namen, aber

Regalware Edelwein: Vinothek Alpe Adria

auch bekannte wie Allesverloren, Rust en Vrede, Delheim und Rustenberg. Als passende Begleitung gibt's Straußenteller.

Da vom Tiefen Graben kein direkter Zugang zum Am Hof existiert, gelangen wir über den Heidenschuß auf den großen Platz, wo seit jeher Markt abgehalten wird, seit einigen Jahren aber eher touristisch geprägte Antikmärkte stattfinden. Am nördlichen Ende des Platzes, unmittelbar neben der historischen Hauptwache der Wiener Feuerwehr, finden wir die Wiener Filiale des Kärntner Weinhandelsunternehmens ❹ **Alpe Adria** (1., Am Hof 11, Tel. 01/535 16 55, www.wein-online.at, Mo–Fr 10–19, Sa 10–16 Uhr). Das Sortiment – österreichische, italienische, spanische Weine, Olivenöl – dieses Weindepots ist ebenso beachtlich wie die relativ knappe Kalkulation. Um hier fündig zu werden, sollte man freilich schon einigermaßen wissen, was man sucht, da die Präsentation ein wenig unübersichtlich ist, die Beratung überzeugt aber durch fachliche Kompetenz; abgesehen davon herrscht hier meistens eine relativ stressfreie Atmosphäre, sodass man ungestört stöbern kann.

Die besten und modernsten Weine Griechenlands gibt's im ella's

Über die Drahtgasse kommen wir auf den Judenplatz: in seinem heterogenen Stilmix einer der schönsten Plätze Wiens, geprägt durch alte Innungshäuser, das ► Lessing-Denkmal und das im Jahr 2000 errichtete ► Shoah-Mahnmal von Rachel Whiteread. Gleich dahinter befindet sich das neogriechische Designerrestaurant ❺ **ella's** (1., Judenplatz 9–10, Tel. 01/535 15 77, www.ellas.at, tägl. 11–24 Uhr), das 2006 dem urigen Pantherbräu folgte und in einer schicken, urbanen Weinbar zu kreativmediterranen Happen unter anderem die besten und modernsten Weine Griechenlands feilbietet, und das ist definitiv etwas anderes als Samos oder Retsina.

Verlassen wir den Judenplatz über die Parisergasse, kommen wir am Palais Collalto vorbei, jenem Haus, in dem Mozart sein erstes Konzert in Wien gab und das heute unter anderem die ❻ **Bodega Marqués** (1., Parisergasse 1, Tel. 01/533 91 70, www.bodegamarques.at, Mo–Sa 17–1, So 17–23 Uhr) beherbergt, ein spanisches Restaurant mit etwa 200 spanischen Weinen auf der Karte. Über den zauberhaften Schulhof kommen wir in die Seitzergasse, an deren linker Seite sich der sogenannte Tuchlaubenhof, eine 1998 überdachte Passage, befindet. Hier befasst sich das kleine ❼ **Fino** (1., Tuchlauben 7, Tel. 01/535 28 88, www.fino.at, Mo–Sa 11–2 Uhr), ein unkompliziertes, recht modernes Cityrestaurant, mit klassischer Bistroküche, vor allem aber sind hier bis zu dreißig Weine glasweise zu bekommen.

Rekordverdächtige Weinkarte & feines Bistromenü: Fino

Gleich gegenüber floriert seit Jahren das ❽ **fabios** (1., Tuchlauben 6, Tel. 01/532 22 22, www.fabios.at, Mo–Sa 10–1 Uhr), Wiens immer noch angesagtestes Italo-Restaurant, äußerst stylisch in schwarzem Leder, dunklem Holz und Glas gehalten, jener Platz, an den man streben sollte, wenn man gerne dazugehören möchte. Die modern-italienische Küche des fabios ist erstklassig (die Preisgestaltung ebenfalls), mit Restaurantleiter Michael Kahovec verfügt dieser Hot Spot aber auch über einen Topsommelier, der bei italienischem Wein die ausgetretenen Pfade gerne einmal verlässt. An der Bar, Wiens Laufsteg der Eitelkeiten, sind naturgemäß eher Prosecco und Champagner das Thema.

Jetzt bietet sich eine gute Gelegenheit für einen Abstecher in Sachen Champagner: Diesem widmet sich Christian Weininger seit dem Frühjahr 2008 am Petersplatz im **Le Cru** (1., Peterspl. 8,

Hier trinkt Schön & Reich Prestige-Wein: fabios

Tel. 01/533 47 91-22, www.lecru.at, Mo–Fr 10–20 Uhr) mit besonderer Hingabe. Die gestylte Champagnerbar und -handlung offeriert etwa hundert verschiedene Sorten, zehn davon gibt's im „Champagnerkompetenzzentrum" offen, darunter auch den wirklichen Edelstoff.

Wieder zurück auf die Tuchlauben und in Richtung Graben kommen wir nach wenigen Metern in die Bognergasse, und hier spielt das Lokal **9 Zum Schwarzen Kameel** (1., Bognerg. 5, Tel. 01/533 81 25, www.kameel.at, Mo–Sa 8.30–24 Uhr) die erste Geige: Das „Kameel" gilt als das älteste Restaurant Wiens (gegründet 1618), mit seinem von Ferdinand Waldmüller gestalteten Logo und dem 1901 im Jugenstil gehaltenen Restaurantbereich zählt es auch zu den schönsten Lokalen Wiens. Der Snackbereich, in dem die legendären Brötchen und diverse Feinkost feilgeboten werden, gilt als klassischer Fall eines soziokulinarischen Schmelztiegels und ist vor allem am Freitag und Samstag ein Garant für Turbulenz und Stimmung. Was weniger offensichtlich ist: Das Zum Schwarzen Kameel war knapp hundert

Weinhandel, Delikatessenabteilung, Restaurant & Brötchen im Schwarzen Kameel

Jahre lang k.u.k. Hoflieferant für Gewürze und Wein, aus dieser Zeit existieren noch drei imposante Kellergeschoße, die gerade wieder renoviert und für einen dynamischen Weinhandel adaptiert werden. Tatsächlich ist die Weinkarte eine Schatzgrube für alle, die klassische Weine aus Frankreich, Italien und Deutschland schätzen, vor allem aber ist sie auch mit Österreichs Topware und internationalen Start-up-Wineries überaus gut bestückt. Alle Weine auf der Karte werden auch über die Gasse verkauft, die Besichtigung der Weinkeller – gegen Voranmeldung problemlos möglich – sollte man sich keinesfalls entgehen lassen.

Beim Meinl gibt es alles, was gut und teuer ist

Einmal ums Eck kommt man zum nächsten weinmäßigen Highlight, dem ⑩ **Meinl am Graben** (1., Graben 19, Tel. 01/532 33 34-0, www.meinlamgraben.at, Mo–Fr 8–19.30, Sa 9–18 Uhr), Wiens einzigem und wahrlich umfassend ausgestattetem Gourmetsupermarkt. Die Weinabteilung des Meinl zählt zwar nicht zu den billigsten der Stadt, aber dafür findet man hier so ziemlich alles, was man braucht. Eine Besonderheit im Meinl-Ensemble ist die Weinbar (Mo–Sa 11–24 Uhr) im Keller, die von der Naglergasse her auch einen Eingang besitzt und nicht nur eine äußerst gemütliche Tennenatmosphäre aufweist, sondern einen auch mit Weinen – hinter Glas und in versperrbaren Vitrinen – konfrontiert, die man sonst nicht jeden Tag zu sehen bekommt. An die tausend Flaschen aus aller Welt werden hier präsentiert (gegen drei Prozent Aufschlag auch vor Ort zu genießen), an Stehtischen kann man etwa zwei Dutzend davon glasweise konsumieren, und wenn man gerade 1190 Euro dabeihat, steht einem sogar die Magnum vom Margaux 1986 zur Verfügung. Gantenbein, Angelus, Sine Qua non, Figeac lachen einem da aus der verglasten Schatzkammer entgegen, eine angenehme Atmosphäre, auch um kleinere Weine zu verzehren …

Vom Graben kommend wählen wir die Habsburgergasse, wo sich in einem ehemaligen Nachtclub der ⑪ **Weinclub Villon**

Weinkontor Pagacs: stilsicherer Weinkauf im ersten Stock

(1., Habsburgergasse 4, Tel. 01/967 91 29, www.villon.at, Di–Fr 18–0.30 Uhr) etablierte, ein Weinclub, der einerseits Mitgliedern für die Unterbringung ihrer Weine in dem 500 Jahre alten Keller zur Verfügung steht, andererseits auch als offen zugängliche Weinbar und Veranstaltungsort (in letzter Zeit vermehrt für Vernissagen erotischer Fotografie). Ein paar Häuser weiter kommt man an einer Filiale des renommierten Ausstatters für edle Haushaltswaren ► Rasper & Söhne (1., Habsburgergasse 10, www.rasper.at) vorbei, wo man unter anderem die ziemlich komplette Serie von Riedel-Gläsern und sonst noch alles rund um Wein- und Tischkultur bekommen kann.

Von hier an, im sogenannten Antiquitätenviertel, ist Wiens Altstadt besonders schön und besonders alt. In der Stallburg-, Spiegel- und Plankengasse befindet sich ein Antiquitätenladen neben dem anderen, folgt eine Galerie auf die nächste. Inmitten dieses Ensembles dient das ► Café Bräunerhof (1., Stallburggasse 2, Tel. 01/512 38 93, Mo–Fr 8–21, Sa 8–19, So 10–19 Uhr) als gastronomisches, kulturelles und mentales Zentrum – Thomas Bernhard kam gerne her –, zwischen 15 und 18 Uhr gibt's Livemusik. Viele meinen, der Bräunerhof sei das schönste und echteste Kaffeehaus Wiens. Direkt darüber wiederum befindet sich mit dem ⓬ **Weinkontor Pagacs** (1., Stallburgg. 2/ Mezzanin, Tel. 01/967 01 98, www.pagacs.biz, Mo–Fr 11–18 Uhr, jeden 1. Samstag im Monat 11–17 Uhr) Wiens eleganteste Weinhandlung: Stefan Pagacs ist so etwas wie ein Wein-Sir – er handelt mit Wein, berät in Sachen Wein und Weinkeller, kümmert sich um Schätzungen und hält Lehrveranstaltungen ab. In Sachen klassischer Weine kann ihm niemand etwas erzählen, er beschränkt sich bei seinem Angebot aber dennoch nicht auf Althergebrachtes und allgemein Bekanntes. In seinem Fenster zur Stallburggasse hat Stefan Pagacz ein paar uralte Merlot-

Weinstöcke stehen, die er in Pomerol ausgegraben hat und die nun in Blumentöpfen wurzeln. Hier seinen Wein einzukaufen, ist etwas für Freunde von Maßanzügen, handgenähten Schuhen und englischen Autos – nirgendwo sonst hat Weineinkauf mehr Stil als in diesem Kontor.

Durch die Dorotheergasse oder Spiegelgasse kommen wir zur Augustinerstraße, wo Josef Bitzinger sein Imperium unterhält: den Augustinerkeller, einen der erfolgreichsten Würstelstände und nicht zuletzt die **⓭ Vinothek am Albertinaplatz** (1., Augustinerstraße 1, Tel. 01/533 09 46, www.bitzinger.at, tägl. 11–24 Uhr), Wiens einziges Lokal, das vom Architektenguru Hans Hollein gestaltet wurde und das sich in einer zuvor mit Erde und Geröll befüllten Kammer der Augustinerbastei befindet. In den hohen Regalen liegen hauptsächlich Weine namhafter österreichischer Weingüter, auch ein paar Spezialabfüllungen für Josef Bitzinger sind dabei.

Vinothek am Albertinaplatz

Champagner-Bar La Divina

Um die Bastei herum gelangen wir in die kurze Hanuschgasse, wo seit einigen Jahren die **⓮ Champagner-Bar La Divina** (1., Hanuschgasse 3, Tel. 01/513 43 19, www.ladivina.at, tägl. 15–2 Uhr) ihr Glück versucht. Fünf verschiedene Champagner werden hier zwischen fünf und zehn Euro pro Glas feilgeboten, zwischen 18 und 19 Uhr gibt's jedes Glas um € 5,–, einmal im Monat findet eine Champagnerverkostung statt.

Palmenhaus: schönstes Szenelokal mit toller Weinkarte

Nun betreten wir den Burggarten, Wiens wahrscheinlich schönsten Park, der in der warmen Jahreszeit Schauplatz eines stets äußerst fröhlichen Späthippiedaseins mit Picknicks, spielenden Kindern und frisbeescheibenwerfenden Menschen ist. Architektonisches Highlight dieses magischen Ortes aber ist das Palmenhaus, eine 1901 errichtete, prächtige Konstruktion aus Glas und Stahl, die als das schönste Gewächshaus ihrer Zeit gilt. Neben dem Schmetterlingshaus und dem Winterlager für exotische Planzen des Wiener Stadtgartenamts befindet sich im Mittelteil das Lokal ⓰ **Palmenhaus im Burggarten**

Vinothek St. Stephan
Köstliche Vinothek Mit Genuss

Vinothek1.at
aus vielerlei Gründen:

- die erste Vinothek Wiens – gegründet 1976
- beheimatet im Herzen Wiens – direkt neben dem Stephansdom im 1. Bezirk
- die erste Wahl für professionelle Beratung und zufriedenstellenden Service
- Sie können sich ganz auf unsere Vorauswahl verlassen. Wir führen keine Produkte von denen wir nicht zu hundert Prozent überzeugt sind – kurz nur die 1. Wahl ist die beste Wahl

Vinothek St. Stephan, 1., Stephansplatz 6
Mo–Fr 9.30–18.30, Sa 9.30–17 Uhr
Tel +43/1/512 68 58, Fax +43/1/512 68 58-20
info@vinothek1.at, web www.vinothek1.at

(1., Burggarten, Eingang Albertina, Tel. 01/533 10 33, www.palmenhaus.at, März bis Oktober: tägl. 10–2, November/Dezember: Mo–Do 11.30–24, Fr 11.30–2, Sa 10–2, So und Fei 10–24, Jänner/Februar: Mi, Do 11.30–24, Fr 11.30–2, Sa 10–2, So und Fei 10–24 Uhr, Mo, Di geschlossen), das 1998, nach zehnjähriger Renovierung (13 Millionen Euro!), eröffnet wurde. Diese Brasserie zeichnet sich aber nicht nur durch ihre atemberaubende Atmosphäre und eine wirklich erfreuliche, beschwingte City-Küche aus, sondern auch durch eine Weinkarte, wie man sie auch in Lokalen dieser Kategorie nur selten antrifft: etwa 180 Weine, vornehmlich Österreich, Bordeaux, Burgund und Toskana, ein erfreulich gutes Sortiment an Halbflaschen, gereifte österreichische Rotweine und legendäre Wachauer Smaragde großer, bis 1997 zurückreichender Jahrgänge.

Wein & Co: Weinsupermarkt, Restaurant, Treffpunkt

Zurück zum Albertinaplatz und die Tegetthoffstraße entlang dem ► Mahnmal gegen Krieg und Faschismus von Alfred Hrdlicka und der Kapuzinergruft – letzte Ruhestätte der Mitglieder des österreichischen Kaiserhauses und Tourismusmagnet erster Güte – kommt man auf den Neuen Markt. Hier wird kulinarischerseits so allerhand geboten, wir wollen uns allerdings auf die

Die Reiss: Champagnerbar mit architektonischem Mehrwert

⑯ **Reiss-Bar** (1., Marco-d'Aviano-Gasse 1, Tel. 01/512 71 98, www.reissbar.at, So–Do 11–2, Fr, Sa 10–3 Uhr) konzentrieren: Diese Bar existierte schon in der Zwischenkriegszeit, wurde allerdings zum Begriff, als sie der Marketingspezialist Michael Satke 1977 übernahm und von den damals noch blutjungen, mittlerweile längst weltberühmten Dekonstruktivisten Coop Himmelb(l)au gestalten ließ. Das war einer der wesentlichen

Schritte, die Wiens Szenegastronomie aus dem finsteren Mittelalter holte. Die Bar wird nach wie vor von Architekturstudenten aus aller Welt besucht, natürlich aber auch von denen, die Spaß an neun verschiedenen, glasweise offerierten Champagnern und knapp vierzig verschiedenen aus der Flasche haben.

Wir spazieren den Neuen Markt weiter hinunter, vorbei am barocken ▶ Donnerbrunnen, biegen in die Seilergasse ein und überqueren den Stephansplatz in Richtung Jasomirgottstraße. Hier befindet sich die Hauptfiliale des Weinsupermarktes ⓱ **Wein & Co** (1., Jasomirgottstr. 3–5, Tel. 01/535 09 16-12, www.weinco.at, Mo–Sa 10–2, So 11–24 Uhr), deren Funktion als Weinmarkt hier freilich zugunsten der Weinbar schon etwas in den Hintergrund getreten ist. Neben dem hier äußerst intensiv betriebenen Sozializing und Flirtverhalten bleibt es aber dennoch bemerkenswert, wie viele Weine man hier glasweise bekommen kann, nämlich zwischen sechzig und hundert, wenngleich sich dieses tolle Angebot auch in relativ hohen Aufschlägen widerspiegelt. Und ebenfalls nicht zu vernachlässigen: die Möglichkeit, hier auch außerhalb regulärer Geschäftszeiten – nicht nur – Wein zu erwerben.

Um den Stephansdom herum kommen wir zur ⓲ **Vinothek St. Stefan** (1., Stephansplatz 6, Tel. 01/512 68 58, www.vinothek1.at, Mo–Fr 9.30–18.30, Sa 9.30–17 Uhr), Wiens ältester Vinothek, die man zwar durchaus als konservativ be-

Vinothek St. Stefan: Wiens älteste Vinothek

Viele Weine auf engem Raum – Vis-à-vis

zeichnen könnte, was hier aber keinesfalls als negativ zu verstehen ist: Spezialisiert ist man – neben Aktuellem aus Österreich – auf Weine aus Spanien, ältere Jahrgänge aus Italien, rare Single-Malt-Whiskies, Rums und Portweine.

Gleich dahinter führt eine Passage zur Wollzeile und zum Lugeck. Im zweiten Teil dieser Passage feiert nicht nur die legendäre Schnitzelzentrale Figlmüller fröhliche Urstände, sondern auch das kleine ⓳ **Vis-à-vis** (1., Wollzeile 5/Passage, Tel. 01/512 93 50, www.weibel.at, Di–Do 16.30–22.30, Fr 15–22.30 Uhr), wo seit 1985 mit großem Erfolg edle Weine aus der Wachau, der Südsteiermark, der Toskana und dem Rest der Weinwelt ausgeschenkt werden, was nicht nur das kleine Lokalimperium von Hans Weibel begründete, sondern auch Wiens City in Sachen Wein enorm beflügelte.

Palais Coburg, Weinbar

Zurück über den Stephansplatz und die Churhausgasse kommt man in die Singerstraße, in der man, kurz nach der Ballgasse/Franziskanerplatz, im Gebäude des 700 Jahre alten Franziskanerklosters auf die Traditionsweinhandlung ⓴ **Grams & Co** (1., Singerstraße 26, Tel. 01/512 74 37, www.grams.at, Mo–Fr

9–18.30, Sa 10–15 Uhr) trifft, die sich auf persönliche Etiketten und auf das Angebot historischer Flaschen für Jubiläen aller Art spezialisiert hat. Das Sortiment reicht bis ins frühe 20. Jahrhundert zurück.

Folgt man der Singerstraße, gelangt man schließlich zum ㉑ **Palais Coburg** (1., Coburgbastei 4, Tel. 01/518 18-0, www.coburg.at), das 2003 als Luxushotel eröffnet wurde, in dem man unter anderem drei Restaurants unterbrachte – ein Weinbistro in der etwas uncharmanten Lobby, eine Bar im Wintergarten und schließlich das Restaurant (Di–Sa 18.30–24 Uhr), in dem Christian Petz für eine der erlesensten Küchen der Stadt sorgt. Vor allem aber spielt der Wein hier eine Rolle: Coburg-Besitzer Peter Pühringer investierte schon 2003 einige Millionen in die Ersteigerung diverser Weinkeller, denen mittlerweile einige mehr folgten (Millionen und Weinkeller). Für die standesgemäße Unterbringung wurden die alten Kasematten der historischen Coburgbastei entsprechend adaptiert, über 60.000 Flaschen lagern nun in eigenen Kellern für „Alte Welt", „Neue Welt", „Frankreich", „Chateau d'Yquem", „Raritäten" und „Champagner". Führungen werden Dienstag bis Samstag um 18.30 abgehalten (Voranmeldung erforderlich), und insgesamt ist das alles sehr, sehr eindrucksvoll. Dass das Palais Coburg den „Grand Award" des amerikanischen „Wine Spectator" bekam, war einerseits eine riesige Auszeichnung, bei diesem Sortiment aber andererseits auch kein Wunder. Fakt ist: Solche Weinkeller gibt's auf der Welt nicht allzu oft, daher unbedingt besuchen und ansehen. Über die Stubenbastei kommen wir wieder zur

Die kleinste Weinbar Wiens

Hans Weibel ist ein echter Pionier und Vorreiter in der Weinszene Wiens. Seine Weinbar finden Sie in der Fußgängerpassage zwischen Wollzeile und Bäckerstraße.

Im Vis-a-vis werden insgesamt 350 verschiedene Weine aus aller Welt mit dem Schwerpunkt auf Österreich und Spanien sowie Spitzenweine aus der Wachau und der Steiermark in besten Gläsern serviert und kulinarisch durch kleine Häppchen ergänzt.

Unweit dem Vis-a-vis bieten auch die Lokale „Weibel's Wirtshaus" und „Weibel 3" kulinarische Haubenkreationen zu einem vielschichtigem Weinangebot in gemütlichem Ambiente.

Vis-a-vis
1., Wollzeile 5
(Durchgang)
T. 512 93 50, F. 512 93 50
Di–Do 16.30–22.30 Uhr
Fr 15–22.30 Uhr

Weibel's Wirtshaus
1., Kumpfgasse 2
T. 512 39 86, F. 512 39 86
Tägl. 11:30–24 Uhr
durchgehend warme Küche
bis 23:30 Uhr

Weibel 3
1., Riemergasse 1-3
T. 513 31 10, F. 513 31 10
Di–Sa 17 bis 24,
warme Küche bis 23.30
Mo, So- und Fei geschlossen

www.weibel.at

Böhle: feinste Delikatessen, rare Weine

Wollzeile, wo der wunderbar traditionelle und grundcharmante ㉒ **Feinkosthandel Böhle** (1., Wollzeile 30, Tel. 01/512 31 55, www.boehle.at, Mo–Fr 8.30–19, Sa 8.30–17 Uhr) auch über ein sehr interessantes Weinangebot verfügt: Hier spezialisierte man sich auf alte Madeiras, Ports, edle Cognacs und Rums, außerdem ist der Böhle immer jene Adresse, an der man Topweine aus Österreich bekommen kann, die man in anderen Vinotheken nur vom Hörensagen kennt. Ebenfalls sehr eindrucksvoll hier: Es gibt unzählige Biere aus aller Welt und herrlich altmodische belegte Brötchen und Salate. Die mögen zwar vielleicht nicht zum Madeira passen, schmecken aber trotzdem wunderbar.

Weinbar Tinto Rosso

Über die Postgasse kommen wir schließlich zur letzten Station dieser Tour, zur etwas versteckt in einer Passage liegenden ㉓ **Weinbar Tinto Rosso** (1., Dr.-Karl-Lueger-Platz 4b, Tel. 01/513 04 80, www.tintorosso.at, Mo–Fr 16–24 Uhr), in der man vom ursprünglichen Konzept der Spezialisierung auf Rotweine Italiens und der Iberischen Halbinsel mittlerweile auf ein breites Spektrum auch österreichischer Topweine umsattelte.

WWW.AUFZUMWEIN.AT

Entdecken Sie Österreichs schönste Weinbaugebiete, testen Sie Wiens beste Heurigen und verkosten Sie den Wein bei Ihrem Lieblingswinzer. Klicken Sie jetzt Ihr Wein-Erlebnis: *www.aufzumwein.at*

Auf geht's:
GENIESSER-WOCHENENDEN GEWINNEN!

AUF ZUM WEIN

Vinotheken in Wien

1. BEZIRK

Eulennest - Vinothek und Weinbar
Himmelpfortgasse 13
1010 Wien
Tel.: 01/51353111
Fax: 01/5135311
vinothek@eulenest.at
www.eulenest.at

Meinl am Graben
Am Graben 19
1010 Wien
Tel.: 01/5323334 od. 01/532333435
Fax: 01/53233341290
restaurant@julius.meinl.com
www.meinlamgraben.at

Tinto Rosso Vinothek & Weinbar
Dr. Karl Lueger Platz 4b
1010 Wien
Tel.: 01/5130480
Fax: 01/5130480
wein@tintorosso.at
www.tintorosso.at
Mo-Fr 16-24 Uhr

Vinothek Weibl's vis à vis
Wollzeile 5, 1010 Wien
Tel.: 01/5129350
www.weibel.at
Mo-Fr 15-22.30 Uhr

Wein & Co Schottentor
Dr. Karl Lueger Platz 12
1010 Wien
Tel.: 01/533853011
Fax: 01/5338530-10
lue@weinco.at
www.weinco.at
Mo-Sa 10-24 Uhr; So 11-24 Uhr

Wein & Co Stephansplatz
Jasomirgottstrasse 3-5
1010 Wien
Tel.: 01/505350916
jas@weinco.at
www.weinco.at
Mo-Sa 10-02 Uhr; So 11-24 Uhr

2. BEZIRK

Restaurant Casa Blanca
Kleine Sperlgasse 8
1020 Wien
Tel.: 01/2165747
Fax: 01/2165747
casa1@i-one.at
www.casa-blanca.at
Mo-Fr 18-22 Uhr

Vinothek Zawadil
Freudenau 255
1020 Wien
Tel.: 01/7266628
Fax: 01/7266629
vinothek@zawadil.at
www.members.eunet.at/zawadil

3. BEZIRK

Enoteca Nobile
Erdbergstrasse 168
1030 Wien
Tel.: 0676/5384900
Fax: 0676/5389403
enoteca.nobile@vienna.at
www.enoteca-nobile.com

Vinothek Arrigo - Feine Kost
Rochusmarkt 33
1030 Wien
Tel.: 01/7107880

Vinzig - Weinbar
Ungargasse 28
1030 Wien
Tel.: 01/7149070
office@vinzig.at
www.vinzig.at
Mo-Fr 10-24 Uhr; Sa 18-24 Uhr

Weinhandlung Wein Genuss
Rochusgasse 1
1030 Wien
Tel.: 0699/12274263
Fax: 01/7126742
wein.genuss@aon.at

Burgenland Vinothek
Baumannstrasse 3
1030 Wien
Tel.: 01/7182573
office@burgenland-vinothek.at
www.burgenland-vinothek.at

4. BEZIRK

Der Gallier - Keppler
Mayerhofgasse 1
1040 Wien
Tel.: 01/5037150
Fax: 01/5037190
mayerhofgasse@gallier.at

Vinothek Wein & Kunst
Argentinierstrasse 18
1040 Wien
Tel.: 0676/6096364

5. BEZIRK

Del Fabro Getränkeimport und Großhandel
Johannagasse 34
1050 Wien
Tel.: 01/5442153
Fax: 01/5457886
josefm.schuster@delfabro.at
www.delfabro.at

6. BEZIRK

Wein & Co Naschmarkt
Naschmarkt/Getreidemarkt
1060 Wien
Tel.: 01/587257
Fax: 01/5857257 14
nas@weinco.at
www.weinco.at
Mo-Fr 10-24 Uhr;
Sa 9-24 Uhr, So 11-24 Uhr

Vinothek Vinissimo
Windmühlgasse 20
1060 Wien
Tel.: 01/5864888
Fax: 01/5864889
franz.haslinger@vinissimo.at
www.vinissimo.at
Mo-Sa 11-13 Uhr

7. BEZIRK

Wein & Co Mariahilferstrasse
Mariahilferstrasse 32-34
1070 Wien
Tel.: 01/5935985
mar@weinco.at
www.weinco.at

8. BEZIRK

Burde Weincomptoir R. Burde & Co KG
Albertgasse 29
1080 Wien
Tel.: 01/40239730
Fax: 01/402397330
office@burde-weine.at
www.burde-weine.at

Vinoe - Die Niederösterreichische Vinothek
Piaristengasse 35
1080 Wien
Tel.: 01/4020961
Fax: 01/4024889
vinoe@aon.at
www.vinoe.at
Mo-Fr 16-19.30; Sa 9.30-12.30 Uhr

10. BEZIRK

vine in [mu:ds]
Troststrasse 58
1100 Wien
Tel.: 01/8900059
office@vine-in.at
www.vine-in.at
Mo-Sa 15-22 Uhr

18. BEZIRK

Vinophilia & Cetera
Währingerstrasse 145
1180 Wien
Tel.: 01/4700111
Fax: 01/470011115
vinophilia@vinophilia.at
www.vinophilia.at

19. BEZIRK

Wein & Co Muthgasse
Muthgasse 56-88
1190 Wien
Tel.: 01/3188093
Fax: 01/3188093
mut@weinco.at
www.weinco.at
Mo-Fr 9-19 Uhr; Sa 9-17 Uhr

22. BEZIRK

Wein & Co Donauzentrum
Wagramerstrasse 83 Top 185
1220 Wien
Tel.: 01/2047073
Fax: 01/2021506
don@weinco.at, www.weinco.at

Wein & Co Wien Nord
Hermann-Gebauer-Strasse 8
1220 Wien
Tel.: 01/7344200
Fax: 01/7344200
hgs@weinco.at
www.weinco.at
Mo-Fr 10-18 Uhr; Sa 9-17 Uhr

WEIN AUS ÖSTERREICH KOSTBARE KULTUR

www.weinausoesterreich.at

Downtown – Treffpunkt der Szene

Ausgangspunkt: Naschmarkt/Getreidemarkt (U1, U2, U4)
Endpunkt: Laudongasse (Straßenbahn 5, 33)
Die Route: Linke Wienzeile/Naschmarkt (❶ Wein & Co, ❷ Piccini, ❸ Urbanek) – Schleifmühlgasse (❹ Sektcomptoir Szigeti, ❺ Perlage) – Margaretenstraße (❻ Pub Klemo) – Wehrgasse – Falco-Stiege – Joanelligasse (❼ Joanelli) – Gumpendorfer Straße – Windmühlgasse (❽ Vinissimo) – Raimundhof – Mariahilfer Straße – Zollergasse (❾ winetime, ❿ Naturkost St. Josef) – Mondscheingasse (⓫ Lobo y Luna) – Siebensterngasse (⓬ Allegro, ⓭ Kulinarium 7) – Breite Gasse – (⓮ Glacis Beisl) – Burggasse – Gardegasse (⓯ Weinbox) – Neustiftgasse – Mechitaristengasse – Lerchenfelder Straße (⓰ Impressione Trading) – Lange Gasse (⓱ Weinlounge) – Zeltgasse – Piaristengasse (⓲ Weinstube Josefstadt, ⓳ VINOE, ⓴ Weinraum) – Maria-Treu-Gasse – Schmidgasse (㉑ Quendler's Feine Weine) – Josefstädter Straße (㉒ Weinkellerei Enrico Panigl) – Bennogasse – Laudongasse (㉓ Wein & Wasser)

Unbedingt hingehen:
- ✶ Weinlounge
- ✶ Urbanek
- ✶ winetime
- ✶ Kulinarium 7
- ✶ Pub Klemo

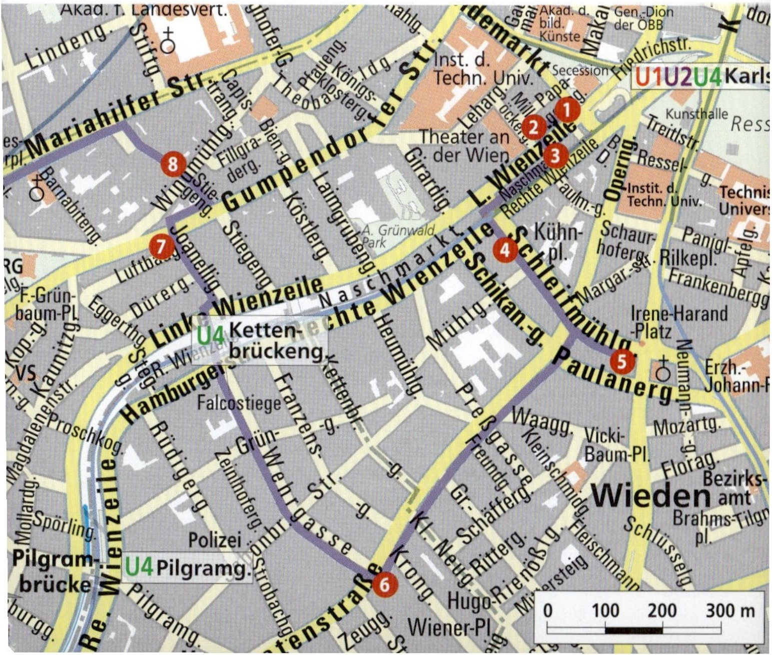

Weinbau war früher keineswegs nur auf die Vorstädte Wiens beschränkt, in denen es auch heute noch Weingärten, Keller und Heurigen gibt (und die bis zur Eingemeindung Ende des 19. Jahrhunderts beziehungsweise Anfang des 20. Jahrhunderts ja eigentlich noch Teile Niederösterreichs waren). Wein wuchs auch in Mariahilf, in Margareten und auf der Wieden. Die hügelige Landschaft der Wiener Bezirke, das günstige Klima und nicht zuletzt die große Nachfrage nach Wein sorgten für weitläufige Rebanlagen an den Hängen zwischen der Mariahilfer Straße und dem Wienfluss, am Hundsturm und auf beiden Seiten der Prinz-Eugen-Straße. Davon ist heute natürlich nichts mehr üb-

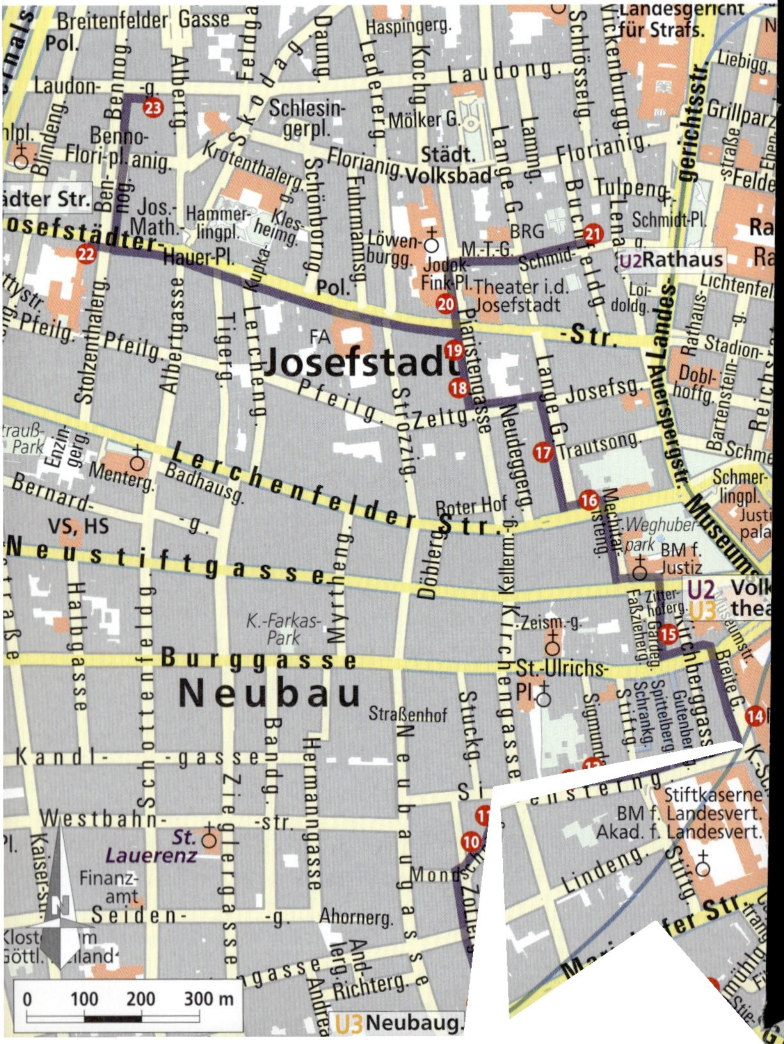

Önologisches Zentrum am Naschmarkt: Wein & Co

riggeblieben – außer der großen Nachfrage vielleicht. Diese Bezirke gelten als Wiens Downtown, hier ist Dynamik, hier werden Trends geboren oder zumindest für Wien adaptiert; hier wohnen die jungen, zahlungskräftigen Nonkonformisten, die Kreativen und Urbanen, hier spielt sich die Szene ab – und hier fällt die moderne Weinkultur naturgemäß auf entsprechend fruchtbaren Boden: Weinbars und Vinotheken ohne elitären Snobismus oder träge Traditionstümelei, Grüne Veltliner und Sauvignons blancs zwischen Szenefriseuren, Designer-„Sandwicherias" und Undergroundboutiquen.

Die Tour nimmt ihren Ausgang am Naschmarkt, das derzeit ziemlich stark pulsierende Herz der Wiener Bobo-Szene: **❶ Wein & Co am Naschmarkt** (6., Getreidemarkt 1, Tel. 01/585 72 57, www.weinco.at, Mo–Fr 10–24, Sa 9–24, So 11–24 Uhr) war die erste Filiale des mittlerweile siebenfach in Wien vertretenen Weinhandelsunternehmens, in dem nicht nur Wein verkauft, sondern auch gastronomisch ausgeschenkt wurde. Das war 1999 und leitete in gewisser Hinsicht die Verwandlung des Naschmarktes vom gutbürgerlichen Markt für konservatives Lodenpublikum mit Dackel zur nachgerade mediterranen Bühne für Genuss und Lebensfreude ein. Nach wie vor spielt sich's hier vor allem am Freitag und Samstag ziemlich ab, die Sitte, Wein in Sechzehntelportionen abzugeben, wird angesichts des riesigen Angebotes offen ausgeschenkter Weine und der mitunter außergewöhnlichen Qualität (immer mindestens ein

Piccini: italienische Tradition, flüssig & fest

Top-Bordeaux und Wachauer Prestige-Smaragde) vom Publikum toleriert. Die Öffnungszeiten ermöglichen darüber hinaus auch eher spontane Käufe, was dem hier gepflegten urbanen Lebensstil doch einigermaßen entgegenkommt.

Entlang des Naschmarkts, wo sich in den vergangenen zehn Jahren auch eine überaus lebendige Lokalszene entwickelte, kommen wir zum Traditionshaus ❷ **Piccini** (6., Linke Wienzeile 4, Tel. 01/587 52 54, www.piccini.at, Mo–Do 9–18.30, Fr 8.30–18.30, Sa 8.30–14 Uhr), der seit immerhin 1856 existierenden ersten Adresse für italienische Spezialitäten aller Art, darunter natürlich auch Wein. Hier wurden schon die legendären Chianti-Korbflaschen gehandelt, heute bietet man ein umfangreiches Sortiment aus ganz Italien an, wobei den Klassikern und eher konservativeren Exemplaren durchaus der Vorzug gegeben wird.

Urbanek: Schinken, Käse, Wein, Szene

Im Gewurl des Naschmarkts existieren zwar zahlreiche Möglichkeiten, eine Flasche Wein zu erstehen, wirklich nennenswert aber ist eigentlich nur die ❸ **Feinkosthandlung Urbanek** (4., Naschmarkt, Stand 46, Tel. 01/587 20 80, Mo–Do 9–18.30,

Fr 8–18.30, Sa 7.30–16 Uhr), ein winziger Laden mit einem faszinierenden und in seiner Vielfalt völlig unüberschaubaren Sortiment allerfeinster Schinken, Würste, Käse und natürlich auch Weine. Die hier „zu Verkostungszwecken" auch glasweise ausgeschenkt werden, was vom Urbanek-Stammpublikum, das sich vor allem samstags in einer Traube rund um den kleinen Laden schart, zu Brot mit Schweinsbraten, Roastbeef oder reifem Ziegenkäse auch sehr gerne in Anspruch genommen wird.
Wir verlassen den Naschmarkt und biegen in die Schleifmühlgasse ein, die in den vergangenen zehn Jahren ebenfalls einen sehr interessanten Lokal-Mikrokosmos ausformte und wo man bald auf das ❹ **Sektcomptoir Szigeti** (4., Schleifmühlgasse 19, Tel. 0664/432 53 88, www.sektcomptoir.at, Mo–Fr 11–22, Sa 10–17 Uhr) stößt: Hierbei handelt es sich um eine kleine, lauschige Sektbar, in der ausschließlich das umfangreiche Programm der burgenländischen Sektkellerei Szigeti ausgeschenkt wird, das allerdings mit großem Hallo und mitunter auch samt Entkorkung per Säbel. Gegessen wird hier übrigens das, was man sich selbst vom Naschmarkt mitbringt – eine pragmatische und an diesem Ort auch überaus sinnvolle Form der Verköstigung. Vorbei an zahlreichen Lokalen, Restaurants, Cafés und Designerläden kommt man am Ende der Schleifmühlgasse zur nächsten Adresse, in der es um Schaumwein geht, und zwar zur ❺ **Champagner-Vinothek Perlage** (4., Schleifmühlgasse 1, Tel. 01/585 67 73, Di–Fr 15–20, Sa 10–15 Uhr), in der man sich

Topsekte aus dem Burgenland: Sektcomptoir Szigeti

auf Produkte kleinerer Champagner-Häuser und sogenannter Winzer-Champagner spezialisiert hat: Etwa achtzig verschiedene Abfüllungen sämtlicher Kategorien – vom einfachen Brut bis zu Prestige-Jahrgangs-Champagner – sind zu bekommen, ein paar werden immer auch offen ausgeschenkt.

Zurück zur Margaretenstraße, der wir nun einige Blöcke stadtauswärts bis zum ❻ **Pub Klemo** (5., Margaretenstraße 61, Tel. 0699/11 09 13 32, www.pubklemo.at, Mo–Sa 17–2 Uhr) folgen. Der seltsame Name dieses äußerlich wie innerlich nicht übermäßig auffälligen Lokals rührt von der Verballhornung des renommierten Bordeaux-Château „Pape Clement" her und verdeutlicht damit, dass hier einerseits großer Wein mit andererseits einem etwas unkonventionellen Zugang veräußert wird: Robert Brandhofer ist leidenschaftlicher Weinsammler und verkauft hier in seinem mit Weinlandkarten und Weinkistenfragmenten verzierten Lokal Kreszenzen, die sonst eher wie Schätze gehütet, aber nicht unbedingt an Gäste ausgeschenkt werden. Über tausend Positionen umfasst seine Weinkarte, kalkuliert wird überaus simpel – Einkaufspreis plus einem geringen Fixaufschlag. So machen Topweine wieder Spaß, Bedingung ist hier allerdings, dass Robert Brandhofer von seinen Schätzen einen Kostschluck abbekommt.

Champagner-Vinothek Perlage

Weinbar Joanelli

Durch die Wehrgasse, über die „Falco-Stiege" und den überbauten Wienfluss (Samstag: Flohmarkt) kommen wir wieder in den sechsten Bezirk, folgen der Joanelligasse bis zur Gumpendorfer Straße, wo wir auf die ❼ **Weinbar Joanelli** (6., Gumpendorfer Straße 47, Tel. 0650/311 84 04, tägl. 18–2 Uhr) stoßen. Hier befand sich während der vergangenen hundert Jahre einer der ersten Eissalons der Stadt, ein

Umstand, dem Thomas Krösbacher bei der Gestaltung seiner cool-urbanen Weinbar durchaus Rechnung zollte. Typisch für die Gegend – die Gumpendorfer Straße gilt derzeit als der Focus der urbanen Szene Wiens – werden hier lässiges Design, gute Musik und guter Wein kombiniert, Hemmschwellen existieren nicht, die primär österreichischen Weine werden auch hier dank Fixaufschlag extrem günstig angeboten.

Wir folgen der Gumpendorfer Straße ein paar Meter, biegen bei der Stiegengasse links ab und kommen über die namengebende Stiege zur Windmühlgasse und gleich hier zum **8 Vinissimo** (6., Windmühlgasse 20, Tel. 01/586 48 88, www.vinissimo.at, Mo–Sa 11–23 Uhr). Diese Bar – Franz Haslinger hat sie 1990, inspiriert durch die legendäre Bottega del Vino in Verona, gegründet – war das erste Lokal Wiens, in dem Vinothek, Bistro und ein kleiner Feinkosthandel unter einem Dach zusammengeführt wurden. Nach diversen Änderungen des Küchenstils läuft das Lokal mit mediterraner Küche nun überaus erfolgreich, an die zwanzig Weine werden offen ausgeschenkt, sechs bis sieben davon immer zu einem speziellen Thema.

Mediterranes Essen, Weine aus aller Welt im Vinissimo

WEIN & KUNST

Im Bistro Wein & Kunst beim Karlsplatz, in der Argentinierstraße, servieren wir feine Snacks. Hinter der gediegenen Geschäftsfassade ist der Gast Souverän im Reich unserer kleinen, leckeren Genüsse, findet einfühlsame Beratung bei der Wahl von klassischem bis ausgefallenem Rot- oder Weißwein aus Österreich und Frankreich und selbstverständlich auch von Champagner, Cognac, Calvados, Pastis und Cidre sowie div. Quiches, Crêpes, div. Wildpasteten, Sel de Mer, Caviar d'Aubergine, Tessiner Fruchtsenfe, Moutarde de Dijon oder Tapenade d'Olives Noires.

Alle angebotenen Weine, Spirituosen und Delikatessen sind auch zum Mitnehmen im Verkauf bzw. ab Wert Euro 65,– innerhalb Wiens und plus Porto nach Deutschland lieferbar.

WEIN & KUNST, 4., Argentinierstrasse 18, Tel. 505 84 34
Mo–Fr 14–24, Sa 18–24 Uhr, So- u. Feiertag geschlossen
www.weinundkunst.at

Durch die hübsch renovierten Höfe des Raimundhofs kommen wir schließlich zur Mariahilfer Straße, queren sie und biegen in die Zollergasse ein. Hier finden wir mit dem ⑨ **winetime** (7., Zollergasse 5, Tel. 01/522 35 08, www.winetime.at, Mo–Sa 16–24 Uhr) eine der stimmungsvollsten Weinbars der Stadt, nicht nur optisch überaus gut gelungen, sondern grundsätzlich auch von außerordentlich guter Musik beschallt. Manfred Strametz bietet in seiner Bar ein extrem interessantes Sortiment von Weinen, die nicht auf jeder Karte zu finden sind, auf Anfrage kann er sogar ein paar Flaschen aus seinem Keller holen, die höchstwahrscheinlich auf sonst überhaupt keiner Weinkarte stehen. Die Atmosphäre hier ist extrem entspannt, die Trennung von Wein- und Rauchgenuss sieht man hier freilich nicht so streng. Ab und zu wird in der kleinen, offenen Küche auch menüartig gekocht, sei es von prominenten Gastköchen oder von Strametz selbst, diese Sessions – ein Thema, das sowohl kulinarisch als auch mit Wein interpretiert wird – sind absolut bemerkenswert.

winetime

Ein paar Schritte weiter stößt man auf den Bioladen ⑩ **Naturkost St. Josef** (7., Zollergasse 26, Tel. 01/526 68 18, Mo–Fr 8–18.30, Sa 8–16 Uhr), dessen Angebot bei Gemüse sensationell ist (bis zu neun verschiedene Kartoffelsorten!), in dessen Restaurantabteilung großartig gekocht wird und wo außerdem ein interessantes Sortiment biologischer Weine zu bekommen ist. Und im da-

Naturkost St. Josef

Tapay y viños im Lobo y Luna

zugehörigen **Mondscheinstüberl** (7., Zollergasse 24, Tel. 01/526 73 07, bei Redaktionsschluss wegen Renovierung geschlossen) kann man ausprobieren, wie erstklassige Bioweine zu veganer Beislküche funktionieren.

Durch die Mondscheingasse erreichen wir den Siebensternplatz: inoffizieller Hauptplatz des Bezirks und mit Lokalen unterschiedlichster Art überaus gut bestückt. Weinmäßig relevant ist hier zum Beispiel das ⓫ **Lobo y Luna** (7., Mondscheingasse 2, Tel. 01/944 99 66, www.loboyluna.at, tägl. 17–1 Uhr), eine spanische Tapasbar mit einer extrem gutsortierten Weinkarte, die Exemplare aus so ziemlich jeder Region Spaniens führt, renommierte Edelweine ebenso wie kleinere, unbekannte Weine, die selbst importiert werden.

Kulinarium 7: Wein, Schnaps, Prosciutto auf drei Stockwerken

Wir schlendern die Siebensterngasse stadteinwärts und kommen zum ⓬ **Allegro** (7., Siebensterngasse 32–34, Tel. 0664/135 68 08, www.allegro-hifi.at, Mo–Fr 14–19, Sa 10–13 Uhr), einen jener interessanter Läden in Wien, wo man Wein und einigermaßen andersartige Waren bekommt – in diesem Fall nämlich High-End-Hifi-Geräte und sündteure Analogplattenspieler. Weinmäßig beschränkt man sich auf Österreich, führt ein feines, kleines Sortiment. Ein paar Häuser weiter findet man das jüngste Mitglied der hiesigen Weinszene: ⓭ **Kulinarium 7** (7., Siebensterngasse/Sigmundsgasse 1, Tel. 01/522 33 77, www.kulinarium7.at, Di–Sa 15–24 Uhr), ein geschmackvolles Mittelding aus Vinothek und Designerrestaurant

– man nimmt an einem großen, zentralen Tisch inmitten gutbefüllter Regale Platz; gekocht werden ein paar köstliche Gerichte im austro-mediterranen Spannungsfeld. Wirklich toll aber ist die Auswahl an Schinken und Salamis – die hängen in einem unteren Gewölbe aus dem 17. Jahrhundert kühl und köstlich, noch einen Stock darunter tut sich der umfangreiche Weinkeller auf. Philipp Prodinger, früher Hotelier in Zell am See, bietet hier primär Ware aus Österreich, dem Friaul sowie ein bisschen Burgund und Champagne, die Preise liegen kaum über den Ab-Hof-Preisen, auch glasweise wird extrem fair kalkuliert. Neben Wurst, Schinken und Wein sind es vor allem Balsamicos sämtlicher Qualitätsstufen, Edelbrände und edle Salze, die man hier erstehen kann.

Weiter die Siebensterngasse entlang, vorbei an der Stiftgasse bis zur Breite Gasse, wo sich das Westtor des Museumsquartiers und der Abgang zum ⓮ **Glacis Beisl** **(7., Breite Gasse 4, Tel. 01/526 56 60, www.glacisbeisl.at, tägl. 11–2 Uhr)** befinden, ein schon in den 1950er-Jahren legendäres Lokal, damals noch in den finsteren Höfen des Messepalastes untergebracht, seit der Fertigstellung des Museumsquartiers aber völlig neu – Beisl, modern interpretiert – gestaltet. Der Terrassengarten ein Stockwerk über dem Museumsquartier-Boden mit seinen zwei Nussbäumen gilt nach wie vor als einer der schönsten in der Stadt, auch in der Küche verfolgt man eine Art modernisierte und kreativ umgesetzte Beisllinie. Und weinmäßig steigerte man sich in den vergangenen Jahren enorm: Nicht nur dass monatlich ein österreichischer Topwinzer präsentiert und sein gesamtes Sortiment glasweise ausgeschenkt wird, legt Glacis-Beisl-Chef Paul Bodner auch eine spezielle Karte mit Wiener Weinen auf, die durchaus als lückenlos zu bezeichnen ist.

Glacis Beisl

Über die Breite Gasse oder den Spittelberg – jahrzehntelang als Beispiel für eine gelungene Revitalisierung präsentiert, mittlerweile aber etwas zum Museum verkommen – kommt man zur Burggasse und in die Gardegasse, wo sich, etwas versteckt, das

Lokal ⓯ **Weinbox** (7., Gardegasse 2, Tel. 0676/734 95 28, www.weinbox.co.at, Mo–Sa 17–24 Uhr) befindet, eine gemütliche, farblich ein wenig schrill gehaltene Bar mit ungefähr 15 offen ausgeschenkten Bouteillenweinen. Über die Neustiftgasse und durch die Mechitaristengasse kommen wir zur Lerchenfelder Straße, wo die stimmungsvolle Pizzeria Impressione seit Ende 2007 auch ein Alimentari namens ⓰ **Impressione Trading** (8., Lerchenfelder Straße 6, Mo–Fr 10–18, Sa 10–15 Uhr) unterhält, in dem man diverse italienische Spezialitäten und auch ein paar brave Weine aus dem Land, in dem die Zitronen blühen, bekommen kann.

Weinbox

Schon nach wenigen Metern biegen wir in die Lange Gasse ein, wo man bald auf das Hotel Rathaus „Wein & Design" und die darin befindliche ⓱ **Weinlounge** (8., Lange Gasse 13, Tel. 01/400 11 22, www.hotel-rathaus-wien.at, tägl. 16–24 Uhr) stößt. Und diese Kombination ist sehr, sehr interessant: Das Hotel gehört nämlich der Familie Fleischhaker, die seit Jahren außerhalb Salzburgs ihr Restaurant „Pfefferschiff" führt, eines der besten Restaurants in ganz Österreich. Das Hotel in Wien wurde komplett unter das Thema „Wein" gestellt, jedes der 39 Zimmer ist einem österreichischen Weingut gewidmet und hat dessen Produkte in der Minibar, man findet Wein-Kosmetik vor, das Frühstücksbuffet enthält Weinkäse und Weingugelhupf, und die Weinlounge zählt zu jenen Plätzen in Wien, wo man nicht nur sehr gute Weine verkosten und genießen kann, sondern diesbezüglich auch äußerst gut informiert und beraten wird. Zu essen gibt's auch ein bisschen was, und zwar ein paar Happen aus dem Rezepteschatz beziehungsweise direkt aus der Küche von Klaus Fleischhaker.

Man kann sich hier nun ein Zimmer nehmen oder aber die Lange Gasse weiterziehen, links in die Zeltgasse einbiegen und den

Schritt wieder nach rechts in die Piaristengasse lenken. Hier stoßen wir gleich einmal auf die ⓲ **Weinstube Josefstadt** (8., Piaristengasse 27, Tel. 01/406 46 28, April bis Dez. tägl. 16–24 Uhr), einen urigen Stadtheurigen mit einem absolut fantastischen, wunderbar wild begrünten Hof, der als Insidertipp in der Josefstadt gehandelt wird. Zu trinken bekommt man hier feine Weine diverser guter Weingüter wie Jurtschitsch, Loimer und Nadler, zu essen gibt's klassisches Heurigenbuffet aus der Vitrine, die Stimmung ist vor allem an sommerlichen Abenden wunderbar. Einen Steinwurf entfernt kommen wir zu einer auf niederösterreichische Weine spezialisierten Vinothek namens ⓳ **VINOE** (8., Piaristengasse 35, Tel. 01/402 09 61, www.vinoe.at, Mo–Fr 16–19.30, Sa 9.30–12.30 Uhr), in der ungefähr hundert niederösterreichische Weingüter – von aufstrebenden Newcomern bis zu den allseits bekannten Superstars – mit etwa 400 Weinen vertreten sind. Die Preisgestaltung ist fantastisch und das Angebot geht wirklich sehr in die Tiefe. Zur Ergänzung werden auch noch Essige und Öle aus Langenlois, Kürbiskernöl aus dem Weinviertel und die berühmten Wildwürste von Hermann Tichy verkauft.

Weinstube Josefstadt

Die Weine Niederösterreichs im VINOE

Nach wenigen Metern ist schließlich die Josefstädter Straße erreicht, wir überqueren sie und schauen gegenüber dem Theater in der Josefstadt in das Lokal ⓴ **Weinraum** (8., Piaristengasse 41, Tel. 0664/849 06 04, www.weinraum.at, tägl. 16–24 Uhr), eine gemütliche Café-Bar mit Schwerpunkt Wein und Käse: gut dreißig französische Käse in erfreulichem Reifungszustand können hier verzehrt und erworben werden, ein gutes Dutzend Weine – Österreich und Frankreich – werden ausgeschenkt, auch ein paar Alimentari und Spezialitäten liegen in den Regalen bereit.

Weinraum: gute Weine, gute Käse

Um zur nächsten Station zu gelangen, wählen wir die Maria-Treu-Gasse und dann die Schmidgasse, wo sich mit 21 **Quendlers Feine Weine** (8., Schmidgasse 8, Tel. 01/407 96 84, www.quendler.at, Mi–Fr 15–18.30, Sa 10–12 Uhr) eine der besten Adressen Mitteleuropas befindet, wenn es darum geht, die interessantesten Weine aus dem Burgund und von der Rhône zu probieren oder zu kaufen. Franz „Quikkie" Quendler ist hauptberuflich ja eigentlich Lektor an der Universität, daneben aber eben ein absoluter Auskenner in Sachen französische Weine für Fortgeschrittene. In seinem kleinen Laden in einem Biedermeierhaus kann man unglaubliche Dinge verkosten (vor allem bei den sogenannten Freitagsrunden), in seinem Lager in der Lederergasse 17 können Weine sehr günstig abgeholt werden, abgesehen davon, dass die schiere Menge an großartiger

Quendler: die erste Burgunder-Adresse Wiens

Panigl

Wein & Wasser

Ware einem einigermaßen den Atem raubt – und das ist schon recht fein.

Über die Lange Gasse kommen wir wieder zur Josefstädter Straße, der wir nun stadtauswärts bis zur Höhe Bennogasse folgen. Hier treffen wir auf die 22 **Weinkellerei Enrico Panigl** (8., Josefstädter Straße 91, Tel. 01/406 52 18, www.panigl.at, Mo–Sa 18–1 Uhr), eines der schönsten Weinlokale der Stadt, sehr geschmackvoll in eine ehemalige Branntweinstube integriert und mit äußerstem Triestiner Flair ausgestattet. Die Weinkarte umfasst 150 italienische und österreichische Weine; Prosecco zu trinken, hat hier nichts mit Tussi und Schnösel zu tun, sondern entspricht der authentischen Ernährungsweise des adriatischen Menschen, das große Nitsch-Bild passt ideal an die Wand, und was hier an Antipasti und Pasta auf die Teller kommt, hat schlichtweg italienische Klasse.

Über die Bennogasse und den Bennoplatz gelangen wir schließlich zur Laudongasse und zur letzten Station dieser langen Tour, dem 23 **Wein & Wasser** (8., Laudongasse 57, Tel. 01/403 53 45, www.weinundwasser.com, Mo–Sa 18–1 Uhr). Dabei handelt es sich um ein uriges Souterrain-Ziegelgewölbe mit modernem Hellholzmobiliar, in dem eine Unmenge österreichischer Topweine auf der Karte stehen, flankiert von einigen feinen Getränken aus dem Rest der Weinwelt, begleitet von einem etwas getunten Heurigenbuffet mit Gewicht auf Käse und hausgemachte Spezialaufstriche. Was seit der Eröffnung leider nicht mehr ganz so gegeben ist, sind das Angebot an Mineralwasser – von dem Großsortiment gibt's mittlerweile nur mehr zwei – und der private Superkeller eines Sammlers, der hier in Kommission verkauft wurde. Was übrigblieb, muss sich aber auch nicht verstecken.

Mauer – Vom Hauptplatz auf die drei Weinberge

Ausgangspunkt: Maurer Hauptplatz (Straßenbahn 60, Bus 60A)
Endpunkt: Maurer Hauptplatz
Die Route: Maurer Hauptplatz (❶ Zahel) – Endresstraße – Heudörfelgasse – Franz-Asenbauer-Gasse – Wittgensteinstraße (❷ Wiltschko) – Kadoltsberg – Aschbachgasse – Lindgrabengasse – Kroißberggasse – Gebirgsgasse – Kroissberg – Plattlgasse – Kroißberggasse – Maurer Lange Gasse (❸ Edlmoser) – Kalksburger Straße – Lindauergasse – Rudolf-Waisenhorn-Gasse – Neuberg – Zemlinskygasse – Rodauner Straße – Maurer Lange Gasse (❹ Grausenburger, ❺ Lindauerhof, ❻ Weindorfer, ❼ Stadlmann, ❽ Hofer) – Johann-Teufel-Gasse – Jesuitensteig (❾ Steinklammer) – Geßlgasse (❿ Brandauer's Bierhaus) – Maurer Hauptplatz

Unbedingt hingehen:
- ✶ Zahel
- ✶ Edlmoser
- ✶ Wiltschko
- ✶ Kadoltsberg
- ✶ Maurer Berg

Mauer ist ein Fall für sich. Denn in Mauer – Teil des eher inhomogenen 23. Gemeindebezirks Liesing – lief und läuft das mit dem Wein generell ein bisschen anders als im Rest von Wein-Wien: Mauer war bis ins Jahr 1938 Teil von Niederösterreich und wurde erst im Zuge der drastischen Eingemeindungen von Wiens Nachbarbezirken während der Nazizeit wienerisch (und blieb es im Gegensatz zu den meisten anderen Gemeinden). Mit den Weinbauorten Döbling oder Stammersdorf hat Mauer so ziemlich gar nichts gemein – hier herrscht ein anderes, noch etwas milderes Klima, das jenem von Gumpoldskirchen recht ähnlich ist. Auch hinsichtlich der Böden und Unterböden gehört man mehr in die unmittelbar angrenzende Thermenregion. Rebsortenmäßig haben hier die diversen Burgunder – Weißburgunder, aber auch Grauburgunder – einen relativ starken Auftritt, Grüner Veltliner und Riesling kommen zwar vor, dominieren aber nicht so wie in den nördlichen Weingegenden Wiens.
Die einzige Gemeinsamkeit mit Grinzing, Neustift, Stammersdorf & Co sind die Heurigen; die aber sehen hier erstens anders aus als dort, zweitens spielten hier nie die Schrammel-Brüder,

auch nicht Lanner oder Schubert, und drittens werden sie somit kaum von Touristen besucht, geschweige denn von Touristen, die in Bussen anreisen. Dafür gehört es – wie etwa auch im benachbarten Perchtoldsdorf – durchaus immer noch zum Lifestyle der Eingeborenen, ein- oder mehrmals pro Woche zum Heurigen zu gehen. Mit dem Effekt, dass sich die Betriebe in Mauer nicht nur verhältnismäßig gut hielten und auch keiner ernsthaften Verkulissung anheimfielen, vor allem aber mit überaus positiven Auswirkungen auf Mauers Weingärten: Fast

Über die Franz-Asenbauer-Gasse auf den Kadoltzberg

alle der 47 Hektar Weingärten am Kadoltzberg, Kroissberg und Maurer Berg sind überaus gepflegt und vital, Brachen oder verwilderte, ungepflegte Weingärten existieren so gut wie nicht. Was aber auch kein Wunder ist, da sich hier in den vergangenen zehn Jahren zwei Betriebe – Zahel und Edlmoser – extrem gut entwickelten und das weinmäßig früher gerne vergessene Mauer plötzlich zu einem wesentlichen Dynamo der Wiener Weinrenaissance wurde. Und die nächsten Jungwinzer drängen schon wieder nach, weshalb ein Weingarten hier also quasi gar keine Chance hat zu verkommen.

Der Weinbau breitete sich in Mauer im Spätmittelalter aus, wo er seinen Betreibern – vornehmlich Adelige, Klöster und wohlhabende Bürger aus Wien – ein stattliches Einkommen sicherte. Wie überall sonst ging die Rebfläche während der Reblauskatastrophe Ende des 19. Jahrhunderts auch in Mauer drastisch zurück, ein Zustand, der durch unmittelbare Parzellierung und Besiedelung irreversibel wurde – der Sommerfrische- und Weinort Mauer mutierte zu einem begehrten Villenvorort.

Die Tour führt auf die drei noch bestehenden Weinberge Mauers sowie zu den besten und/oder originellsten Heurigen des Ortes. Außerordentlich geländegängiges Schuhwerk ist nicht nötig, dennoch muss man mit kernigen Steigungen rechnen.

Die Wanderung beginnt am Maurer Hauptplatz, wo sich an der Kreuzung mit der Geßlgasse eine alte Weinpresse aus dem Jahr 1800 befindet, an der sich die Namen der Heurigen ablesen lassen, die gerade ausgsteckt haben, was die Planung der Tour vereinfacht. Die erste Station, zugleich eine der prominentesten der Runde, befindet sich gleich am Maurer Hauptplatz: der

❶ **Heurige Zahel** (23., Maurer Hauptplatz 9, Tel. 01/889 13 18, www.zahel.at, offen von jedem 1. Donnerstag des Monats 18 Tage lang, Di–So 15–24 Uhr). Richard Zahel – gelernter Automechaniker und als Rennfahrer in Deutschland tätig – und sein Bruder Alfred übernahmen den elterlichen Heurigenbetrieb Anfang der 1990er-Jahre. Die Rebfläche wurde in wenigen Jahren von einem auf neun Hektar vergrößert, der Weinkeller bald zu einem der modernsten in Österreich umgebaut, der Maurer Wein nicht zuletzt mit der wuchtigen Rotweincuvée „Antares" neu definiert. Der Erfolg der Zahels war enorm, neben der Rekultivierung eines alten Weingartens mit der fast schon verschwundenen Rebsorte „Orangentraube" ging Zahel auch publikumswirksame Engagements wie zum Beispiel die Bewirtschaftung eines Schauweingartens im Schlosspark Schönbrunn und sogar eine Weingartenbetreuung in Berlin ein. 2003 übernahm Richard Zahel – wie einige Jahre zuvor auch schon Fritz Wieninger aus Stammersdorf – größere Flächen in Grinzing und am Nußberg, was fortan jedes Jahr für eine spannende Konkurrenz zwischen dem Topwinzer aus dem 21. und dem Topwinzer aus dem 23. Bezirk mit Weinen aus dem 19. Bezirk sorgte. Seit 2006 arbeiten die beiden auf Marketingebene in der Gruppe „Wien Wein" zusammen, was in gewisser Hinsicht als Initialzündung des Wiener Weinbooms gesehen werden darf.

Heuriger Zahel

Der Heurige, geführt vom gelernten Touristiker Alfred Zahel, ist übrigens besonders urig und gemütlich geblieben, das Buffet ist exzellent und bietet sowohl traditionell Deftiges als auch modernere Interpretationen von Heurigenverpflegung. Weinmäßig empfehlenswert sind besonders die Rieslinge vom Nußberg und vom Maurer Reisberg, der Gemischte Satz, ein Sauvignon blanc vom Kroissberg und die roten Cuvées.

Wir folgen der Endresstraße in Richtung Westen und biegen rechts in die Heudörfelgasse ein, deren Häuser die landwirt-

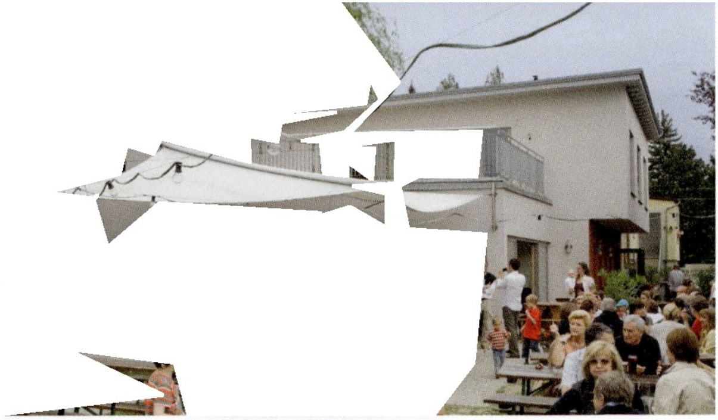

Designerheuriger mit Weingartenblick: Wiltschko

schaftlichen und weinbaulichen Ursprünge Mauers noch recht deutlich erkennen lassen. Nach dem Gymnasium St. Ursula biegen wir links in die Franz-Asenbauer-Gasse ein. Diese Gasse führt entlang eines kleinen Rinnsals, wird bald zum gepflasterten Weg und mündet in die Weingärten des sogenannten Kadoltzbergs, der mit knapp 25 Hektar der wichtigste Weinberg Mauers ist. Die Lage links neben dem Weg trägt den Namen „Roth-Düren", die nach rechts ansteigende Südlage heißt „Leiten" und gilt als eine der Toplagen der Umgebung, vor allem für Rotwein. Was man hier noch relativ oft sieht, sind die kaum noch verwendeten Rebstock-Erziehungsformen der Eindraht-Erziehung, bei der die Reben von einem hochgezogenen Weinstock kaskadenartig herunterhängen und zwei Laubwände bilden (wenig arbeitsintensiv, allerdings aufgrund der Glockenbildung sehr fäulnisanfällig), sowie die traditionelle Doppelstock-Erziehung, bei der immer zwei Rebstöcke an einem Pflock hochgezogen werden.

Bald kommt man zu einem vergleichsweise dezenten Kriegerdenkmal in Form eines schmiedeeisernen Kreuzes, von dem eine Stichstraße nach rechts hinauf zur Wittgensteinstraße führt. Diese ist zwar mit Zäunen von den Weingärten getrennt, allerdings sind hier immer ein oder mehrere Tore geöffnet. Die Wittgensteinstraße führt übrigens entlang der Lainzer-Tiergarten-Mauer, die nicht nur die Begrenzung zum 13. Bezirk darstellt, sondern hinter der sich genau an dieser Stelle der Hauptspeicher der beiden Wiener Hochquellwasserleitungen befinden. Wir folgen der Straße ein paar Häuser bergab und kommen zum Heurigen des ❷ **Weinguts Wiltschko** **(23., Wittgensteinstraße 143, Tel. 01/888 55 60, www.weinbau-wiltschko.at, während der Aussteckzeiten Mo–Sa 14–24, So 11–24 Uhr)**. Dieser Heurige war immer schon legendär für seinen wunderbaren Garten direkt in den Weingärten; vor einigen Jahren wurde aus dem traditionellen Betrieb eine Art Vinyard-Restaurant im kalifornischen Stil mit Hellholzdesign, italienischen Lampen und Restaurantkarte. Die Vitrine gibt's allerdings nach wie vor, unter den Weinen stechen eine Veltliner-Trilogie – Roter Veltliner, Frühroter Veltliner und Grüner Veltliner – sowie der Weißburgunder „Alte Reben" heraus.

Wir kehren zurück zum Kriegerdenkmal und folgen dem gepflasterten Weg, der am Ende in die Aschbachgasse übergeht, dann links in die Lindgrabengasse, biegen rechts in die Kroißberggasse und wieder rechts in die Gebirgsgasse ein, die ihren Namen nicht zu Unrecht trägt, führt sie uns doch steil zu den Weingärten des Kroissbergs. Der Kroissberg ist die kleinste Lage Mauers, keineswegs aber die uninteressanteste, und das nicht nur wegen des atemberaubenden Ausblicks, der bis zur Wotruba-Kirche, zum Kahlenberg und zum Wienerberg reicht. Folgt man der Gebirgsgasse durch ein kleines Wäldchen, stößt man gleich auf eine Wiese, über die man nach links zum Verlängerungsweg der Plattlgasse gelangt, der wir zwischen den Weingärten und vorbei an bemerkenswert hässlichen Sozialbauten bergab bis zur Kroißberggasse folgen, in die wir nach rechts einbiegen. Sogleich treffen wir auf die Maurer Lange Gasse, der wir nach links folgen, auf den Nummern 133 bis 129 schöne, alte Winzerhäuser und die Kalksburger Straße passieren und bei der nächsten Station ankommen, dem Heurigen der Familie

Heuriger Wiltschko

❸ **Edlmoser (23., Maurer Lange Gasse 123, Tel. 01/889 86 80, www.edlmoser.at, während der Aussteckzeiten tägl. 14.30–24 Uhr)**. Michael Edlmoser, Junior und Betriebsleiter, ist das Paradebeispiel eines jungen, dynamischen Erfolgswinzers: Sein önologisches Aha-Erlebnis hatte er während eines Aufenthaltes in Paul Drapers kalifornischem Kultweingut Ridge, wieder zuhause modernisierte und straffte er nicht nur das Programm, sondern sorgte mit der Organisation der Weinmesse AWC (Austrian Wine Challenge) auch für eine Weinveranstaltung von

Heuriger der Familie Edlmoster ...

internationalen Ausmaßen. Den vorerst extrem internationalen Weg verließ Edlmoser in den vergangenen Jahren – nicht zuletzt aufgrund des Einflusses von seinen „Wien Wein"-Kollegen – zugunsten einer sehr modernen Form eines dennoch sehr wienerischen Weins: Der Gemischte Satz ist neben dem Sauvignon blanc das Topprodukt, die roten Cuvées punkten ebenfalls. Der gepflegte Heurige befindet sich in einem ursprünglich 400 Jahre alten Haus, wovon außer ein paar dekorativen Resten nicht mehr viel zu sehen ist; dafür aber ist das Buffet erstklassig und vor allem das Publikum sehr zufrieden – der Edlmoser-Heurige ist jeden Tag voll, Michael Edlmoser immer anwesend, die Gästeschar erfrischend heterogen.

... Paradebeispiel eines dynamischen Winzerbetriebs

Von hier machen wir einen kurzen Abstecher über die Kalksburger Straße und Lindauergasse zum zweiten großen Weinberg Mauers, dem Maurer Berg. Geht man die Rudolf-Waisenhorn-Gasse entlang, passiert man eines der imposanten Bauwerke der zweiten Wiener Hochquellwasserleitung, der Blick schweift über die Weingärten der Lage „In Sätzen" nach Rodaun, Perchtoldsdorf, den Eichkogel zwischen Mödling und Gumpoldskirchen und den mächtigen Steinbruch am Kaltenleutgebner Parapluiberg. Am Ende der Rudolf-Waisenhorn-Gasse folgen wir einem Weg am Waldrand entlang nach links, passieren Reste alter Flakstellungen aus dem Zweiten Weltkrieg, die – typisch Österreich – von Weinstöcken umrankt sind, und biegen nach etwa 150

Maurer Tradition beim Grausenburger

Metern links in einen Fahrweg ein, der uns durch die Weingärten und an einem Wäldchen vorbei wieder auf einen gepflasterten Weg führt, in den wir links einbiegen. Der Weg führt vorbei am Kalksburger Friedhof, mündet in die Zemlinskygasse, die wiederum zur Rodauner Straße führt. Hier empfiehlt es sich, den Bus 60A zu nehmen und sich auf diese Weise zwei Stationen lang bis zur Anton-Krieger-Gasse eine gehörige Steigung zu ersparen.

Grausenburger

Heuriger Weindorfer

Von hier folgen wir der Rodauner Straße bis zur Maurer Lange Gasse, biegen nach rechts ab und stoßen bald auf den ❹ **Grausenburger** (23., Maurer Lange Gasse 101a, Tel. 01/888 13 54, während der Aussteckzeiten tägl. 11.30–24 Uhr), einen recht traditionellen Buschenschankbetrieb mit einem großen Anteil von selbstgefertigten Speisen und Weinen der klassischen Kategorie. Bald danach kommt man zum ❺ **Lindauerhof** (23., Maurer Lange Gasse 83, Tel. 01/888 51 72, während der Aussteckzeiten 10–24 Uhr), einem ebenfalls

Heuriger Stadlmann

traditionellen Betrieb, und zum ❻ **Heurigen Weindorfer** (23., Maurer Lange Gasse 37, Tel. 01/888 71 61, www.weindorfer.at, während der Aussteckzeiten Mo–Fr 11.30–24, Sa, So 10–24 Uhr), einem leistungsfähigen Großheurigen in den Gewölben und im Arkadenhof des früheren Maurer Gemeindehauses. Gegenüber befindet sich übrigens eine ► malerische Villa inmitten eines Obstgartens – der Sommersitz des nicht nur für ihren Kräuterlikör bekannten Mechitaristenordens.

Die beiden nächsten Heurigen – Stadlmann und Hofer – liegen direkt gegenüber und zeigen das Spektrum des Maurer Weins sehr deutlich auf: ❼ **Stadlmann** (23., Maurer Lange Gasse 30, Tel. 01/889 28 48, während der Aussteckzeiten Mo–Sa ab 11.30, So, Fei ab 10 Uhr) vertritt eher die konservative, traditionelle Linie, und zwar sowohl beim Vitrinensortiment und bei den Weinen als auch, was die Atmosphäre betrifft, die ein bisschen an eine Raststätte gemahnt; ❽ **Wolfgang Hofer** (23., Maurer Lange G. 29, Tel. 01/888 73 80, www.vino-hofer, während der Aussteckzeiten Mo–Sa 14.30–24, So 10–24 Uhr), Winzer in der zweiten Generation, repräsentiert zumindest beim Wein eher das junge, dynamische Mauer, inklusive Cabernet Sauvignon und Sauvi-

Klein & fein: Weingut Hofer

Edelheuriger Steinklammer

gnon blanc. Die zahlreichen Prämierungen beim AWC-Bewerb, die stolz präsentiert werden, bekam er sicher nicht deshalb, weil er ein Cousin von Michael Edlmoser ist, ein gewisser Einfluss hinsichtlich der Weinstilistik ist aber nicht zu leugnen.
Wir folgen der Maurer Lange Gasse bis zur Johann-Teufel-Gasse, wenden uns nach links und beim Jesuitensteig wieder nach links, in dem sich der ❾ **Heurige Steinklammer** (23., Jesuitensteig 28–30, Tel. 01/888 22 29, www.heuriger.co.at, Feb. bis Dez. Mo–Sa 15–24 Uhr) befindet. Diese uralte Maurer Weinhauerdynastie fusionierte vor einigen Jahren auf ehelicher Basis mit dem Weingut Fuchs aus Jedlersdorf. Der Heurige entspricht in seiner gutbürgerlichen Anmutung und mit den diversen Stüberln dem Grinzinger oder Neustifter Standard, die Weine zählen zu den zuverlässigen.

Brandauer's Bierhaus

Weiter den Jesuitensteig, geht's rechts in die Geßlgasse. Wenn man die Maurer Weintour hier mit einem Bier beenden will, bietet sich dafür das ❿ **Brandauer's Bierhaus** (23., Geßlgasse 4a, Tel. 01/887 45 67, www.bierig.at, tägl. 10–1 Uhr) an, eine Ende des 19. Jahrhunderts vom Sohn des Hofbaumeisters errichtete Miniaturversion des Palazzo Strozzi in Florenz, in den Folgejahren als Café und Chinarestaurant geführt, 2003 zum weitläufigen Erlebnisbierlokal umfunktioniert.
Man kann die Runde aber auch wieder beim Zahel (▶ Seite 44) enden lassen.

ROUTE 4

Ottakring und Hernals – Erinnerungen an das „Rebenmeer"

Ausgangspunkt: Ottakring, Johannes-Krawarik-Gasse (U3, Straßenbahn J)

Endpunkt: Dornbacher Straße (Straßenbahn 43)

Die Route: Ottakringer Straße (❶ 10er Marie, ❷ Stippert, ❸ Grünspan) – Johann-Staud-Straße (❹ Zur blauen Nos'n, ❺ Herrmann) – Pönningerweg – Theodor-Storm-Weg – An der Scheibenwiese – Liebhartstalstraße (❻ Christine Rath) – Dinsfüßlweg – Paulinensteig – Sprengersteig (❼ Leitner) – Paulinensteig – Wilhelminenstraße – Roterdstraße (❽ Huber) – Sandleitengasse – Güpferlingstraße – Dornbacher Straße – Rupertusplatz (❾ Buschenschank Stift St. Peter) – Andergasse – Heuberggasse – Nachreihengasse – Merktweg – Schrammelgasse (❿ Stippert) – Heuberggasse – Enzelsgasse – Promenadegasse – Knollgasse – Dornbacher Straße (⓫ Osteria La voglia)

Unbedingt hingehen:

* Wilhelminenberg
* Leitner
* Christine Rath
* Buschenschank Stift St. Peter
* Renate Herrmann

In Ottakring gibt es nicht nur Bier. Denn auch wenn die Ottakringer Brauerei die größte Wiener Brauerei darstellt und ihrem Heimatbezirk längst gewissermaßen ihren Stempel aufgedrückt hat, so waren Ottakring und Hernals früher überaus bedeutende Weinorte und sind es in minimalen – dafür aber umso interessanteren – Restbeständen sogar heute noch. Weinbau ist in Ottakring schon seit 1302 belegt; damals nämlich überschrieb ein Bürger namens Hieronymus dem Stift Schotten, dem weite Bereiche Ottakrings gehörten, drei Ottakringer Weingärten. Im 14. Jahrhundert sei Ottakring „ein Rebenmeer" gewesen, schildert der Historiker Karl Schneider 1892 in seiner „Geschichte der Gemeinde Ottakring". Historische Pläne im Ottakringer Bezirksmuseum zeigen Rebflächen, die nördlich und südlich des Ottakringer Baches quasi die gesamte Fläche des Liebhartstals und Wilhelminenberges und die Südosthänge des Predigtstuhls mit Weingärten überzogen. Eine Karte aus dem Jahr 1824 enthält Riednamen wie „Roterd", „Summerleuten", „Töchterl", „Amasbach", „Spiegel", „Starchantsaigen", „Wandriegeln", „Erdbrust" und „Haunoldsbründl". Die Reblauskatastrophe in der zweiten Hälfte des 19. Jahrhunderts reduzierte den Ottakringer Weinbau jedoch drastisch, und nur wenige Betriebe nahmen die Neubestockung auf sich, Kleingartensiedlungen breiteten sich vor allem in den 1920er- und 1930er-Jahren sehr rasch aus.

Vom Dornbacher Wein wissen die Urkunden sogar schon seit dem frühen 12. Jahrhundert. Noch 1864 reichten die Dornbacher und Neuwaldegger Weingärten vom kleinen Schafberg

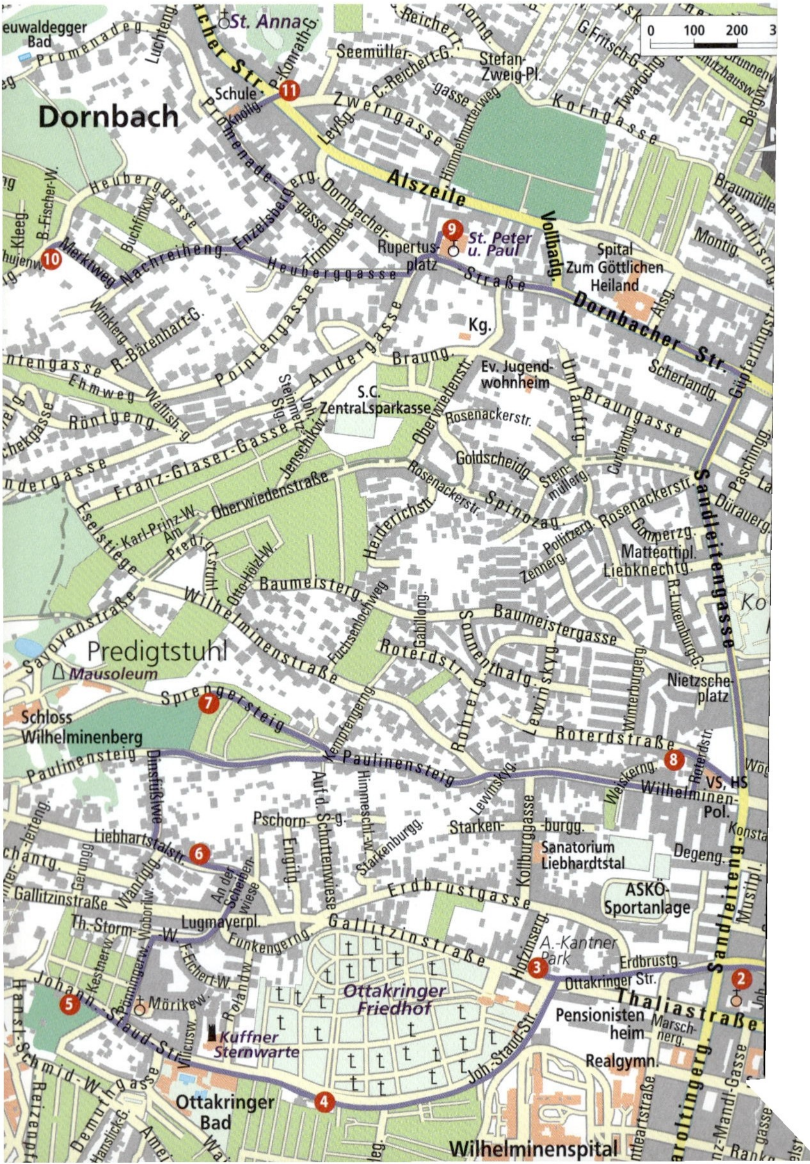

Weingarten am Wilhelminenberg

bis zur Wattgasse und von der Alszeile bis zur Czartoryskigasse, wie alte Riedenkarten belegen, etwa achtzig Hektar erbrachten damals 6900 Eimer Wein, was guten 400.000 Litern entsprach. Livegigs der Schrammeln in Ottakring und Dornbach waren gesellschaftliche Ereignisse erster Güte, und in Neulerchenfeld, unmittelbar vor der Zollgrenze Wiens und daher preislich äußerst attraktiv, spielte es sich ausschankmäßig mörderisch ab. Heute existieren in Ottakring noch knapp sechs Hektar Weingärten, in Dornbach sind es neun, deren Weine aber keinesfalls zu den önologischen Marginalitäten Wiens zählen, wie wir feststellen werden. Die Tour zieht sich zuerst in einer Schleife durch Ottakrings Weingärten und zu den noch existierenden Heurigenbetrieben, die Verbindung nach Dornbach kann entweder zu Fuß oder per Straßenbahn erfolgen. Die zu überwindenden Steigungen sind mitunter enorm, gutes Schuhwerk und auch ein bisschen Durchhaltewillen sind somit unbedingt empfehlenswert.

Die Tour startet in durchaus urbanem Gebiet: Denn davon, dass der Ortskern von Alt-Ottakring einst Heurigendörfern wie Grinzing oder Nußdorf glich, ist heute nur mehr sehr wenig zu bemerken – aber ein bisschen eben doch. Die sogenannte **❶ 10er Marie (16., Ottakringer Straße 222–224, Tel. 01/489 46 47, www.fuhrgassl-huber.at, Mo–Sa 15–24 Uhr)**, benannt nach der schönen Tochter des einstigen Besitzers Haimböck und nach der damaligen Hausnummer gilt mit seinem Gründungsdatum 1740 sogar als einer der ältesten Heurigen Wiens. Im Laufe der Jahrhunderte erlebte dieses Lokal diverse Ups und Downs, die Zahl der prominenten Besucher im 19. Jahrhundert ist Legion (Schubert, Strauß, Schrammel, Kronprinz Rudolf), im 20. Jahrhundert war das unter der legendären Käthe Musil natürlich nicht anders. 1986 wurde der Heurige dann zu einer Art Restaurant, 1993 unter der Leitung von Gerti Huber, einer Tochter

10er Marie

Zum Alten Weinstock

des Heurigen-Doyens Ernst Huber aus Neustift, dann wieder heurigenmäßig rückgebaut. Heute ist die 10er Marie ein äußerst beliebter Cityheuriger mit Vitrine, in der sich die Braten, Hendln, Blutwürste und Schnitzeln nur so türmen, ausgeschenkt werden die Weine aus Neustift, das Publikum zählt eher zur Kategorie der Junggebliebenen.

Ein paar Häuser weiter findet man ein weiteres Relikt des Heurigenortes Ottakring, das sogenannte ▶ Zum Alten Weinstock (16., Ottakringer Straße 234), ein pittoreskes Winzerhaus, an dem sich tatsächlich ein paar alte Weinreben entlangranken. Dieses Haus, der frühere „Georg Wagner", war im 19. Jahrhundert so berühmt für seinen Wein, konkret den Neuburger, dass die Gäste nur stehend trinken konnten, weil das Gedränge so groß gewesen sei, berichten zeitgenössische Chroniken. Nach diversen Versuchen, das Lokal als Heurigen-Restaurant und Wirtshaus zu führen, schloss das nunmehrige „Alt Ottakring" Anfang 2008 aber wegen baulicher Mängel.

Schräg gegenüber herrscht indes noch reges Leben, und zwar sowohl heurigentechnisch als auch mit echt Ottakringer Wein: Die ❷ **Buschenschank Stippert (16., Ottakringer Straße 225, Tel. 01/486 89 17, Mi–Sa 15–23, So 10–13 Uhr)** gibt es an diesem Ort – dem früheren Bachlehner-Heurigen – seit den 1920er-Jahren. Die Familie Stippert unterhält einige Hektar am Wilhelminenberg und am Heuberg in Dornbach, dem Heurigen mangelt es aufgrund seiner urbanen Lage zwar ein wenig an idyllischem Grün, aber drinnen ist alles umso echter: Kachelofen, eine Theke aus einer Baumpresse, Buffet und Vitrine mit allem, was dazugehört, und schließlich jede Menge waidmannstechnische Souvenirs an den Wänden. Wir folgen der Ottakringer Straße über die Sandleitengasse und kommen zu einem großen Bierlokal namens **❸ Grünspan** (16., Ottakringer Straße 266, Tel. 01/480 57 30, www.gruenspan.at, tägl. 9.30–0.30 Uhr), das Tafelspitzkönig Mario Plachutta hier gemeinsam mit der Ottakringer Brauerei aufgezogen hat. Abgesehen davon, dass es unter Wiens Bierlokalen das mit der interessantesten Speisekarte und einem erfrischend qualitätsorientierten Konzept ist, besitzt es auch im Zusammenhang mit dem Wein ein paar interessante Aspekte: Irgendwann in der näheren Vergangenheit fungierte dieses Lokal nämlich als „Ottakringer Volksheuriger", heute führt das Grünspan immerhin an die dreißig erstklassige Weine in seiner Karte – was hier freilich nur eine sehr kleine Minderheit interessiert.

Von nun an geht's bergauf: Folgt man der Johann-Staud-Straße, die entlang des Ottakringer Friedhofs verläuft, gelangt man bald zu einem etwas verschrobenen Lokal namens **❹ Zur blauen Nos'n** (16., Johann-Staud-Straße 9a, Tel. 01/914 81 58, Sa–Mi 15–22 Uhr). Dieses kleine, alte, gelbe Häuschen mit seinem kleinen, ein bisschen verwilderten Garten war früher einmal ein Heuriger und lag inmitten der Weingärten, „aber dann kamen die Kleingärtner", sagt Besitzer Karl Neuhold, „und das war der Tod". Das mag zwar etwas drastisch klingen, aber seit dreißig oder vierzig Jahren jedenfalls schenkt er schon keinen eigenen Wein mehr aus. Die Stimmung und das übrige Ange-

Buschenschank Stippert: Ottakringer Eigenbau

bot sind allerdings noch sehr authentisch geblieben, mit einem leichten Hang zu idyllischer Skurrilität.

Wir folgen der Johann-Staud-Straße weiter bergauf, vorbei an der pittoresken ▶ Kuffner-Sternwarte (rechts) und dem Ottakringer Bad (links), und stoßen auf den ersten noch verbliebenen Ottakringer Weingarten mit der schönen Lagenbezeichnung „Rosengarten". Bewirtschaftet wird diese uralte Anlage von **5 Renate Herrmann** (16., Johann-Staud-Straße 51, Tel. 01/914 81 61, März bis Nov. Do–Mo 15.30–23 Uhr), die den Betrieb in den 1980er-Jahren von der Familie Weingartner übernahm, einer der ehemals prominentesten und bedeutendsten Weinhauerdynastien Ottakrings. Renate Herrmanns Buschenschank überzeugt mit einer netten Glasveranda, ziemlich feinen Aufstrichen und Fleischlaberln aus eigener Produktion, einer wirklich bezaubernden Laube und nicht zuletzt den Weinen vom Rosengarten; dass die Buschenschank über einen Parkplatz verfügt, ist für viele Gäste ebenfalls ein Argument hierherzukommen.

Grünspan

Buschenschank Renate Herrmann

Wir kehren wieder um, biegen bei der Starchant-Kirche links in den Pönningerweg ein, folgen ihm bis zum Theodor-Storm-

Ottakringer Laubenidylle: Renate Herrmann

Weg, vorbei an Villen und Kleingärten, queren die Gallitzinstraße und folgen der Gasse An der Scheibenwiese bis zur Liebhartstalstraße. Auch dieses Liebhartstal war einmal ein Weinbaugebiet erster Güte (wobei der Ottakringer Wein, zumindest nach Josef Weinheber, immer eher zu den saureren Getränken zählte); geblieben ist ein winniges Weingärtlein im Anschluss zur **6 Buschenschank Christine Rath** (16., Liebhartstalstraße 16–18, Tel. 01/485 84 69, Öffnungszeiten siehe Website: http://members.inode.at/ 422604). Diese Buschenschank zählt sicher zu einer der schönsten in Wien: eine hübsche Villa, in der das außergewöhnlich gute Buffet untergebracht ist, ein bezaubernder Obstgarten, von dessen Zwetschkenbäumen einem die Früchte in den Liptauer fallen, wunderbar. Ein bisschen edel ist hier natürlich schon alles, aber dafür ganz ohne Kitsch und sehr persönlich. Christine Rath entstammt einer Poysdorfer Weinhauerfamilie, ihre Weingärten hat sie – bis auf den Gemischten Satz hinterm Haus – in Stammersdorf.

Bei Christine Rath

Wir folgen der Liebhartstalstraße ein paar Meter bergauf und biegen rechts in den Dinsfüßlweg – nicht erschrecken, der ist sehr, sehr steil, wird schließlich sogar zur Treppe und mündet

Toplage, fast schon vergessen: Wilhelminenberg

in den Paulinensteig. Dieser wiederum begrenzt den mit ungefähr 4,5 Hektar größten Weingarten Ottakrings. Erfreulich: Die Weingärten zu Füßen des Schlosses Wilhelminenberg sind gut in Schuss, werden intensiv bewirtschaftet und auch immer wieder verjüngt. Die Exposition ist ideal, die Böden sind für Wein großartig, der Wienerwald schützt vor kalten Winden – sehr viel besser geht's kaum. Abgesehen davon ist der Ausblick über das westliche Wien von hier einfach atemberaubend.

Die nächste Station ist die Buschenschank von Mathias Leitner, mitten in den Weingärten, wobei der Weg dorthin – Paulinensteig steil bergab, spitz in den Sprengersteig nach links und die Höhendifferenz durch die unvermeidlichen Klein- und Schrebergärten wieder sehr steil hinauf – mitunter ein wenig frustrierend ist. Es könnte aber natürlich sein, dass der den Weingarten begrenzende Zaun an seinem unteren Ende eine kleine Lücke hat, die den Weg drastisch verkürzt … ❼ **Leitners Buschenschank** (16., Sprengersteig 68, Tel. 01/480 01 39, www.weinbau-leitner.at, April bis Okt. Di–Fr 17–23, Sa 16–23, So 16–22 Uhr) befindet sich in einem kleinen Holzhäuschen mit teilweise überdachter Terrasse am Rande der Weingärten, der Blick von hier – immerhin 360 Höhenmeter – ist grandios, Leitners Weine dazu noch sehr ordentlich. Insgesamt jedenfalls eine Performance, wie man sie bei den renommierten Betrieben im 19. Bezirk kaum zu finden vermag.

Von hier geht es nun etwa zwei Kilometer unterschiedlich stark bergab, freilich nur im geografischen Sinne: Sprengersteig, Paulinensteig und Wilhelminenstraße bieten leider kaum wesentliche Erkenntnisse önologischer Art, aber dafür ist man nach etwa 15 Minuten am Talboden angelangt. In der Wilhelminenstraße findet man immerhin noch Anzeichen eines früheren

Mitten in den Weingärten: Leitner

Weinbaus, etwa die typischen Winzerhäuser Nr. 104 und 102, Letzteres sogar noch mit sieben Weinstöcken in seinem Vorgarten. Nach links geht's in die Roterdstraße, in der wir bald auf die ❽ **Buschenschank Huber** (16., Roterdstraße 5, Tel. 01/485 81 80, www.fuhrgassl-huber.at, Di–Sa 15–24 Uhr) stoßen: Dieser Betrieb, das ehemalige Wein- und Bierhaus Josef Hecht, das aber schon seit der Frühzeit Ottakrings ein Heuriger war, wurde 1985 von der Familie Huber aus Neustift übernommen, wie die anderen Betriebe vom ehemaligen Volksopern-Bühnenbildner Walter von Hoesslin mit einer adretten Landhausoptik versehen und mit einer leistungsfähigen Küche ausgestattet, die 250 Personen bekochen kann, unter anderem mit Pangasiusfilet, gebackener Rotzunge und natürlich auch dem übrigen Repertoire der Huber-Dynastie. Die Buschenschank ist eine gutgeölte, systemgastronomische Maschine, äußerst gut gebucht und beim Publikum, das gern von Personal in Dirndl und Lederhose bedient wird, entsprechend beliebt.

Buschenschank Huber

Hier hat man nun die Möglichkeit, entweder mit den Straßenbahnen der Linien 10 und 44 zwei Stationen bis zur Hernalser Hauptstraße/Dornbacher Straße zu fahlen, oder aber den nicht besonders langen, aber auch nicht übermäßig attraktiven Weg entlang der Sandleitengasse zu Fuß zu gehen. Ähnliches lässt sich über die untere Dornbacher Straße sagen, weshalb auch hier die eine Station mit der Straßenbahnlinie 43 lohnt. Bei der Haltestelle Dornbacher Straße steigen wir jedenfalls aus und folgen ihr bis zum Rupertusplatz, einen eindrucksvollen, seit den 1980er-Jahren verkehrsberuhigten Pfarrplatz, der von der Dornbacher Pfarrkirche – 1931 von Clemens Holzmeister umgebaut – dominiert wird. Gleich neben der Kirche befindet sich Wiens einziger klerikaler Heuriger, die **9 Buschenschank Stift St. Peter „Zum Dornbacher Pfarrer"** **(17., Rupertusplatz 5, Tel. 01/486 46 75, http://stiftstpeter.at, während der Aussteckzeiten 17–23 Uhr)**. Weinanbau wird hier vom Stift – einer Filiale des Salzburger Stifts St. Peter – nachweislich schon seit etwa 900 Jahren betrieben, und die Dornbacher Buschenschank war seit jeher legendär. Der Grundbesitz des Stiftes ist auch der Grund dafür, warum die Weingärten nicht auch in Dornbach parzelliert und verkleingärtnert wurden, wenngleich die berühmte Riede „Alsegg" – man steht ihr gegenüber, wenn man durch das Tor an der Nordseite des Pfarrhofs geht – in den vergangenen hundert Jahren natürlich ganz schön schrumpfte und während des Zweiten Weltkriegs sogar als Panzerübungsplatz diente.

In den 1950er-Jahren wurde unter der Leitung von Pater Severin Kunz aber wieder ausgepflanzt, acht Hektar sind derzeit wieder in Betrieb – acht Hektar prächtigste Weingärten auf einem eindrucksvollen Hang mitten in Hernals. Ausgsteckt ist in den uralten Ziegelgewölben etwa fünfmal im Jahr, das Buffet versucht sich mit gehobener Qualität in Sachen Wurstwaren und vor allem Käse vom diesbezüglichen Durchschnitt abzuheben. Der Großteil der Weingärten ist freilich verpachtet: Das Weingut Mayer am Pfarrplatz keltert aus hiesigen Trauben zum Beispiel seinen erstklassigen Basis-Riesling, einen überaus fruchtigen Muskateller und einen rassigen Sauvignon blanc. Wem der Aufstieg zum Heuberg – Andergasse, Heuberggasse, Nachreihengasse, Merktweg – zu mühsam ist (lang und steil bergauf), kann zu diesem Zweck auch den Bus der Linie 44B nehmen und mit ihm sieben Stationen den Heuberg hinauf überwinden. Bei der Fahrt durch die

Acht Hektar Dornbach: Ried Alsegg

Andergasse passiert man übrigens die Gemeindehausanlage Ernest-Bevin-Hof, deren Fassade 1971 während der Sendung „Wünsch dir was" von Friedensreich Hundertwasser dekoriert wurde. Wir verlassen den Bus bei der Haltestelle Schrammelgasse und folgen dieser durch Schrebergärten und die Restbestände der sogenannten Loos-Siedlung: Adolf Loos konzipierte hier 1921 eine Mustersiedlung, die sich als richtungsweisend für den sozialen Wohnbau erwies, von der allerdings kaum mehr ursprüngliche Bestände vorhanden sind. Nach zwei- bis dreihundert Metern stößt man dann auf die letzte Station der Tour, die ⑩ **Buschenschank Stippert** (17., Schrammelgasse 102, Tel. 0664/590 22 61, www.stippert.at, während der Aussteckzeiten tägl. 16–22.30 Uhr): Hier gab es immer schon Weingärten, und der Ottakringer Winzer und Heurigenwirt Rudi Stippert griff die Tradition vor einigen Jahren wieder auf und setzte unterhalb seines Fertigteilhauses einen Weingarten, unter anderem mit der Klosterneuburger Rotweinzüchtung Rösler. Siebenmal pro Jahr ist am Heuberg ausgsteckt.

Der schnellste Weg ins Tal führt wieder über Merktweg, Nachreihengasse und Heuberggasse, von der wir nun aber spitz nach links in die Enzelsbergergasse, dann links in die Promenadegasse und von dieser rechts in die Knollgasse abbiegen. Hier kann man entweder nach links zur Endstation der Linie 43 gehen oder gegenüber in die ehemalige „güldene Waldschnepfe" einkehren, die seit Herbst 2007 als ⑪ **Osteria La voglia** (17., Dornbacher Straße 88, Tel. 01/485 40 98, www.lavoglia.at, Mo–Sa 12–14.30 und 18–24 Uhr) wieder geöffnet hat, erstklassige italienische Küche – einmal was anderes – bietet und – da bleiben wir dem Thema treu – einen außergewöhnlich gut sortierten und toll gestalteten Weinkeller besitzt.

0 100 200 300 m
Böhmischer Prater
Laaer Wald
Otto-Geißler-Platz
Erholungsgebiet Laaer Wald
Vogental
An der Ostbahn
Gadnergasse
Swatoschg.
Leserg.
Naderstr.
Bitterlichstr.
M.-Mauermann-G.
F.-Teller-G.
Vettersg.
Vogentalg.
Bleichsteinerstr.
Schwarzgruberg.
Kossmat-platz
Obere Ab
Grenzstraße
Alte Laaer Str.
Sportanlage Laaer Berg
Laaer-Berg-Str.
Theodor-Sickel-Gasse
Wiesenthalg.
V.-Gruen-G.
Schönyg.
Stein-eicheng.
Männertreug.
Amarantg.
Klemens-Dorn-G.
Ludwig-v.-Höhnel-G.
Tagesheim-stätte
Langsulzg.
S.-Mannschildgasse
Sindelarg.
Heimkehrergasse
Steinschötelg.
Senfgasse
Florian-Geyer-G.
Holzknechtstr.
E.-Ottenthal-G.
Weichselb.-g.
Burgenlandgasse
Palisag.
Geiß-fußg.
Mar.-conw.
Lecher-w.
Oppenheimw.
Siedlung Südost
Kronawetterg.
Economog.
Lippmanng.
Ramsayg.
K.-Diener-G.
Schautag.
Koliskog.
Popovw.
Radio Austria
Hederichg.
Oppenheimgasse
Nielrosenw.
Vollnhoferpl.
Franz-Jachym-Platz
Filmteichstr.
Filmteichstraße
Johannes-pointen
Goldberg
Kolowratg.
W.-Lindenbaum-G.
Benischkeg.
Gartenschaug.
Laaer-Berg-Straße
Per-Albin-
son-Sdlg.-Ost
Erholungspark Laaer Berg
Wendstattg.
Jura-Soyfer-G.
Bergtaidingweg
Joh.-Pötzer-G.
Alma-Rosé-G.
Franz-Koci-Str.
An der Kuhtrift
Kurbadstr.
Fontanastraße
Kurpark
Kurzentrum Oberlaa
Thermalbad
Kurmittelhaus
Kurt-Tichy-G.
Spitzyweg
Franz-Mika-Weg
Hämmerlegasse
H.-Zeder-W.
Laaer-Berg-Str.
Kurbadstr.
Biererlg.
Ut. Bahnlände
A.-Kronberger-G.
Blaschkag.
Fontanastr.
Friedhof
Oberlaa
Unterlaaer Straße
Grundäckerg.
Bischofg.
Kästenbaumg.
Friedhofstr.
Segnerstr.
Oberlaaer Str.
Unt. Kaistr.
Bischofpl.
Ober-laaer Pl.
Kircheng.
J.-Friedl-G.
Unterlaaer Str.
Liesingbachstr.
Ht.-Liesingbachstr.
Stella-Kadmon-Weg
Rothneusiedler G.
R.-Skodak-G.
Untere Kaistr.
Liesingbachstr.
Scheunenstr.
Wildenauer Siedlung
1
2
3
4
5
6
7
8

Oberlaa und Favoriten – Unbekanntes Weinland

Ausgangspunkt: Oberlaa (Bus 17A, Regionalbus 266, 271)
Endpunkt: Böhmischer Prater (Bus 15A), Simmeringer Hauptstraße (U3, Station Zippererstraße)
Die Route: Oberlaaer Straße (❶ Stefan Wieselthaler, ❷ Frauneder-Stutz, ❸ Winzerhof Oberlaa/Wieselthaler) – Leopoldsdorfer Straße – Liesingbachstraße (❹ Windisch, ❺ Manhardt, ❻ Bruckner, ❼ Pinther) – Johann-Friedl-Gasse – Oberlaaer Platz – Segnerstraße – Fontanastraße – Johannespointen – Amarantgasse – Schwarzgrubergasse – Bleichsteinerstraße – Löwyweg – Laaer Wald/Böhmischer Prater (❽ Zum Werkelmann). Verlängerung: Löwyweg – Bitterlichstraße (15A) – Gradnergasse – Grillgasse – Simmeringer Hauptstraße (❾ Weinhaus Hochmayer).

Unbedingt hingehen:
- ✶ Winzerhof Oberlaa
- ✶ Stadtwanderweg Nr. 7 Goldberg
- ✶ Weinhaus Hochmayer
- ✶ Manhardt
- ✶ Zum Werkelmann

Oberlaa liegt ja schon sehr, sehr am Rand von Wien. Und dass es hier nicht nur ein Thermalbad, ein Fitnesscenter, das ehemalige WIG-Gelände und die Per-Albin-Hansson-Siedlung gibt, sondern auch einen veritablen Weinbau, ist selbst den Bewohnerinnen und Bewohnern Wiens kaum bekannt.
Kein Wunder, Oberlaas Weine und Oberlaas Heurigen haben absoluten Insiderstatus. Man kann hier schließlich nicht auf eine besonders reizvolle Landschaft oder schillernde Vergangenheit verweisen, und die Tatsache, dass die Römer hier wahrscheinlich Weinbau in relevanten Ausmaßen betrieben und der Messwein im Stephansdom einst von hier stammte, macht den Oberlaaer Wein der Gegenwart auch nicht unbedingt zum Renner. Das preisliche Gefälle gegenüber Mauer, Döbling oder Stammersdorf ist enorm; sowohl für Weine als auch für Essen wird in den Oberlaaer Buschenschenken vergleichsweise ein Bettel verlangt. Die Folge ist ein eher unterentwickeltes Selbstbewusstsein und, damit zusammenhängend, das Problem, dass kaum ein Junger noch weiter in Oberlaa Weinbauer sein will.

Franz Wieselthaler, langjähriger Weinbauobmann und Qualitätspionier im Ort, kann sich noch an Mitgliederzahlen im örtlichen Weinbauverein von jenseits der fünfzig erinnern. Das war aber nach dem Krieg, mittlerweile gibt es gerade noch ein Dutzend Mitglieder, Tendenz stark fallend.

Auch die Strukturen des Oberlaaer Weinbaus unterscheiden sich von jenen der anderen Wiener Weinorte: In Ober- und Unterlaa existieren immer noch über tausend Hektar Ackerfläche, die Felder sind groß und maschinell leicht zu bewirtschaften. Weinbau war hier immer nur Teil einer gemischten Landwirtschaft, der mittels Buschenschank ein-, zweimal pro Jahr zusätzliches Geld reinbringen sollte. Die Oberlaaer Heurigen und Buschenschenken erinnern auch von ihrer Optik her mehr an jene aus Arbesthal, Schwadorf oder Stixneusiedl denn an die in Grinzing, Nußdorf oder Neustift.

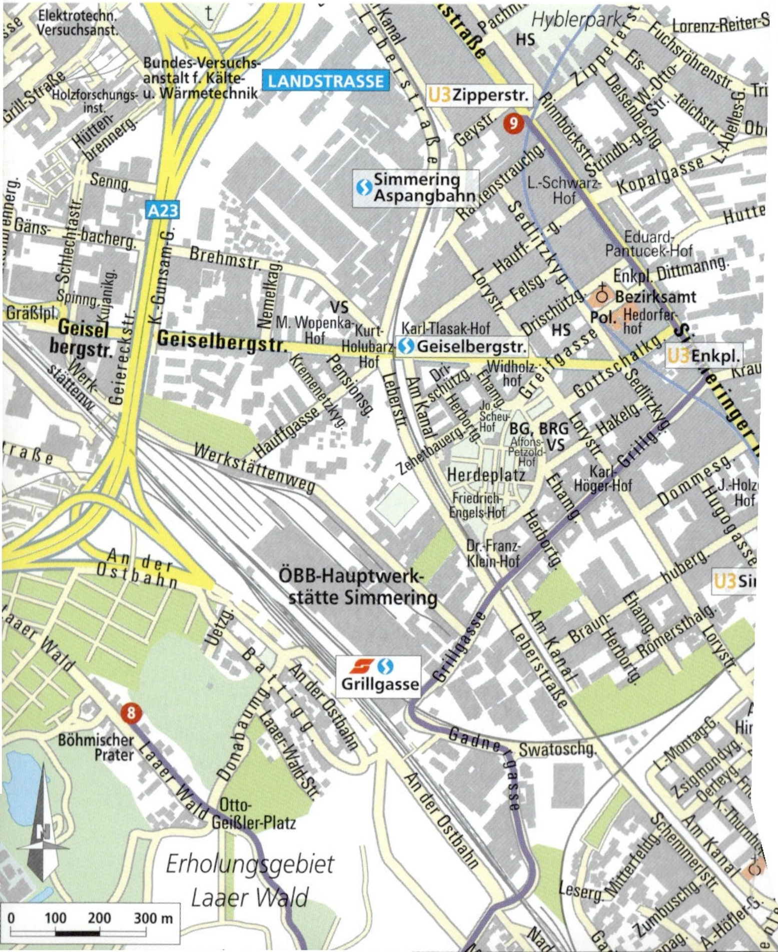

Unsere Tour führt uns zu jenen Heurigen und Buschenschenken, die noch wirklich Weinbau am Laaer Berg betreiben, zu den Oberlaaer Weingärten und in den Böhmischen Prater. Und als Draufgabe gibt's dann noch einen Besuch im schönsten Weinhaus Wiens, dem Hochmayer in der Simmeringer Hauptstraße.

Stefan Wieselthaler

Wir beginnen in Oberlaa: Ein Dorf, das an seinem östlichen Ende liebreizend ländlich und an seinem westlichen Ende etwas trostlos ist. Genau hier befindet sich allerdings die erste Station, der Heurige von ❶ **Stefan Wieselthaler** (10., Oberlaaer Straße 120, Tel. 01/688 51 38, www.wieselthaler.at, in allen geraden Monaten tägl. 15–23 Uhr), ein großer und rustikal-schlichter Landheuriger klassischer Ausprägung. Grüne Veltliner und Burgunder stellen den Hauptanteil des Sortiments, das Buffet bietet die üblichen Deftigkeiten, wenngleich in Oberlaa durchaus ein besonderer Hang zu gesurtem Fleisch festzustellen ist. Weiter entlang der Oberlaaer Straße kommen wir zuerst zum ❷ **Heurigen Frauneder-Stutz** (10.,

Heuriger Frauneder-Stutz

Oberlaa liebt's deftig: Frauneder-Stutz

Oberlaaer Straße 73, Tel. 01/688 16 80, www.frauneder-oberlaa.at, während der Aussteckzeiten tägl. 15–24 Uhr), einem erst 1985 eröffneten, sehr adretten Heurigen mit ziemlich angenehmem, schattigem Garten und sehr ordentlichen Weinen, und, gleich daneben, zum ❸ **Winzerhof Oberlaa** (10., Oberlaaer Straße 71, Tel. 01/688 47 16, während der Aussteckzeiten tägl. 15–23 Uhr, geöffnet alternierend zu Frauneder-Stutz) von Franz Wieselthaler und seinem Sohn, die hier in Oberlaa für die Weinexperimente – etwa mit internationalen Rotweinsorten – zuständig sind. Der Heurige ist groß, einfach und rustikal, wie in fast allen Oberlaaer Betrieben bilden auch hier uralte Weinstöcke eine attraktive Laube, eine Markise bietet Schutz vor zu viel Sonne.

Heuriger Windisch: jagdlich geführt

Wir biegen nun rechts in die Leopoldsdorfer Straße ein, überqueren den Liesingbach und treffen auf die Liesingbachstraße, wo Oberlaa gleich noch ein Stück ländlicher, vor allem aber um Dimensionen idyllischer wirkt. Nach rechts geht's zum ❹ **Heurigen Windisch** (10., Liesingbachstraße 85, Tel. 01/688 51 52, www.heurigerwindisch.at, Mo–Sa 15–24, So 12–22 Uhr), dem Fiebertraum eines jagdaffinen Musikantenstadl-Heurigen: Jagdrequisiten, hunderte ausgestopfte Beutetiere, eine ganze Laube aus Gewehren, keine thematisch-dekorative Chance,

Modern, aber typisch: Christine Manhardt

die hier ausgelassen wurde. Ausgeschenkt wird so allerhand, vom eigenen Weinbau blieb zumindest ein Grüner Veltliner übrig. Folgt man der Liesing in Fließrichtung kommen wir bald zum **5 Heurigen** von **Christine Manhardt** (**10., Liesingbachstraße 51, Tel. 01/688 69 67, www.manhardt.co.at, Di–So 15–23 Uhr**), einem aufgeräumten, etwas nüchternen Heurigen mit neorustikaler Einrichtung und einem blumigen Weißburgunder mit etwas Restsüße. Gleich daneben gibt's noch Oberlaaer Buschenschank unverfälscht und pur: **6 Beim Bruckner** (10., Liesingbachstraße 49, Tel. 0676/433 13 97, während der Aussteckzeiten ab 15 Uhr) ist nur selten ausgsteckt, hier ist quasi nichts neu, und sehr groß ist die Bruckner-Buschenschank auch nicht. Aber dafür hat der Gemischte Satz – insgesamt bewirtschaftet die Familie etwa ein Drittel Hektar am Laaer Berg – Rasse, und die Salate in der Kuchenvitrine machen einen durchaus appetitlichen Eindruck. Der letzte in der Gasse ist schließlich der

Sehr authentisch: Bruckner

7 Heurige Pinther (10., Liesingbachstraße 25, Tel. 01/689 17 74, www.pinther.at, in ungeraden Monaten tägl. ab 15 Uhr), auch ein Traditionsbetrieb, der allerdings 25 Jahre lang nur Fasswein verkaufte und erst 1988 wieder aussteckte. Seit damals wurde die Rebfläche enorm erweitert und der Heurige modernisiert, das Buffet besticht durch Ordentlichkeit, Appetitlichkeit und ein recht ansprechendes Sortiment, die Weine sind sauber und durchwegs okay.

Heuriger Pinther

Wir überqueren den Liesingbach und folgen der Johann-Friedl-Gasse ins Oberlaaer Ortszentrum, das hier um Kirche, Schule und Pfarrhaus seinen dörflichen Charakter sehr gut erhalten hat, folgen der Segnerstraße entlang des Oberlaaer Friedhofs, unterqueren die Ostbahntrasse und biegen rechts in die Fontanastraße ein, die sogleich eine Linkskurve macht und – an der ehemaligen AUA-Zentrale vorbei – auf den Laaer Berg führt. An ihrem Ende mündet die Straße in den Stadtwanderweg Nr. 7, dem wir von nun an folgen: entlang der Tennisplätze, dann entlang der ersten Weingärten, die hier die Lagenbezeichnung „Unteres Feld" und „Schmerbern" tragen. Hier kann man mehrere Varianten wählen – entweder auf Trampelpfaden zwischen den Weingärten oder auf dem befestigten Wanderweg –, gemeinsam ist allen der fantastische Ausblick aufs Leithagebirge, auf Hainburg und den Hundsheimer Berg, die Kleinen Karpaten und Bratislava. Etwas näher sieht man den Zentralverschiebebahnhof, den Zentralfriedhof und die Kuppel der Zum-heiligen-Karl-Borromäus-Kirche (früher Dr.-Karl-Lueger-Kirche), den Flughafen Schwechat und die Raffinerieanlage, die Müll-

Liesingbachstraße

verbrennungsanlage Simmering und die Gasometer. Und wenn man direkt auf den Boden blickt, wird man den sandigen Lehmboden und die zahllosen Kieselsteine sehen – außerordentlich guter Rotweinboden, der hier nur leider nicht annähernd genutzt wird, weder qualitativ noch quantitativ: In Oberlaa könnten ebenso monumentale Rotweine gedeihen wie rund um Göttlesbrunn, außerdem ist das hier der einzige Platz in Wien, wo sich der Weinbau noch problemlos ausbreiten könnte – das Potenzial liegt etwa beim Vierfachen des derzeitigen Stands. Allein, es fehlt an Leitbetrieben, Ambition und Investment. Die Rehe freut's, sie äsen hier sogar am Nachmittag ungestört.

Zum Werkelmann

Wir folgen dem Weg entlang des früheren WIG-Geländes, rund um die aufgelassene Sendestation von Radio Austria, kommen an einem Einfamilienhaus vorbei, in dem Weine aus dem Pulkautal verkauft werden, und gelangen schließlich zur Amarantgasse, der wir bis zur Bleichsteinerstraße folgen, in die wir links einbiegen. Überquert man die Bitterlichstraße und folgt man dem Löwyweg, gelangt man zwischen Gemüsefeldern und BMX-Bahnen in den Laaer Wald, bekannt als Heimstätte des legendären Böhmischen Praters: Mitte des 19. Jahrhunderts entstanden hier aus den Kantinen der Ziegelgruben Schankbetriebe und Imbissstationen. Im Laufe der Zeit kamen Volksbühnen, Schausteller und Ringelspiele dazu, heute stellt der Böhmische Prater ein an Sentimentalität fast nicht zu überbietendes, lebendiges Jahrmarktmuseum dar – mit Ringelspielen, Autodrom, Grottenbahnen, Schießständen, Karussellen, Watschenmännern und einem kleinen Riesenrad, so klein und niedlich, wie man sie in modernen Hochleistungs-Entertainment-Vergnügungsparks schon seit zwanzig Jahren nicht mehr sieht.

Das kulinarische Highlight des Böhmischen Praters ist das **8 Zum Werkelmann** (10., Laaer Wald 218, Tel. 01/688 71 06,

Schönstes Weinhaus Wiens: Hochmayer

www.werkelmann.at, Mo–Fr 11–23, Sa, So 10–23 Uhr), eine Art Heuriger, der nach seinem sich lange Jahre hinziehenden Verfall 1987 wiedereröffnet wurde und in seiner Urigkeit hierher nicht besser passen könnte. Die Weine stammen aus Hohenwarth (Weiß) und Jois (Rot), prachtvolle Details wie eine alte Getränketafel oder ein historisches „Puch"-Schild machen den Werkelmann auch in seiner runderneuerten Version zur gastronomischen Sensation. Und die „Sarma"-Krautrouladen sind ohnehin großartig.

Um zum mindestens so großartigen, endgültigen Endpunkt der Tour zu gelangen, kehren wir zur Bitterlichstraße/Löwyweg zurück und steigen hier in den Bus 15A in Richtung Enkplatz/Grillgasse, der im schlechtesten Fall alle zehn Minuten fährt. Durch Simmering geht's bis zur Endstation; dort fährt man entweder mit der U3 eine Station bis zur Zippererstraße oder mit dem 71er (grundsätzlich spektakulärer) in Fahrtrichtung Schubertring zwei Stationen bis Zippererstraße. Unmittelbar bei der Straßenbahnstation ist man schließlich im ❾ **Weinhaus Hochmayer** **(11., Simmeringer Hauptstraße 42, Tel. 01/749 17 68, Di–Fr 8.30–21, Sa, So 8.30–13 Uhr)** angekommen, einem nahezu unveränderten, absolut fantastischen Weinhaus aus den 1920er-Jahren mit einer Einrichtung aus dunklem Holz, exemplarischen Resopaltischen, Kachelofen und dramatischen Wandgemälden. Der Wein, den Frau Thekla Hochmayer hier ausschenkt, stammt übrigens aus Hadres, wo die Familie Weingärten unterhält, deren Trauben an die Genossenschaft geliefert werden. Tarock und Rapid sind im Weinhaus Hochmayer quasi Pflicht beziehungsweise Religion, jeder kennt jeden, und die hier gekochte Hausmannskost lässt es an Authentizität jedenfalls sicher nicht fehlen.

Sievering und Neustift – Grandiose Ausblicke und Operette

Ausgangspunkt: Cobenzl (Bus 38A)
Endpunkt: Strehlgasse (Bus 35A)
Die Route: Cobenzl – Höhenstraße – Himmelstraße – Gspöttgraben – Sieveringer Straße (❶ Koller, ❷ Kamaldulenserhof) – Agnesgasse (❸ Haslinger) – Sieveringer Straße (❹ Kroiss) – Windhabergasse – Sieveringer Straße (❺ Schreiber, ❻ Eckel, ❼ Dreikugel-Schachinger) – Willi-Forst-Weg – Hackenberggasse – Hackenbergweg – Am Neustiftblick (❽ Schutzhaus Hackenberg) – Baaderwiesenweg – Agnesgasse – Mitterwurzergasse (❾ Zimmermann) – Zierleitengasse (❿ Häuserl am Stoan) – Dreimarksteingasse (⓫ Dorfschenke) – Salmannsdorfer Straße (⓬ Prager) – Celtesgasse – Hameaustraße (⓭ Rath, ⓮ Wilfinger) – Neustift am Walde (⓯ Weingut Fuhrgassl-Huber) – Rathstraße (⓰ Haunold-Pichler) – Eyblergasse – Neustift am Walde – Strehlgasse (⓱ Nierscher)

Unbedingt hingehen:
- ✶ Haslinger
- ✶ Zimmermann
- ✶ Kamaldulenserhof
- ✶ Prager
- ✶ Weinlehrpfad Mitterwurzerg.

Zwei Weinorte, das gibt eine ziemliche Wegstrecke, noch dazu mit zum Teil haarsträubenden Steigungen, aber mit atemberaubenden Ausblicken. Natürlich lässt sich die Strecke zu Fuß bewältigen – die steilsten Passagen führen stets bergab, und zwei Möglichkeiten zur Abkürzung (sinnvoll vor allem dann, wenn einige der angegebenen Heurigen gerade geschlossen haben) reduzieren Dauer und Höhenmeter. Will man freilich das Gesamtprogramm durchziehen, empfiehlt sich das Fahrrad, im Idealfall geländegängig und mit ordentlicher Untersetzung sowie kernigen Bremsen ausgestattet.

Wir beginnen die Tour am Cobenzl, der sich mit dem Bus angenehm erreichen lässt und vorab schon einmal eine grandiose Aussicht auf Weingärten und Wien erlaubt. Wenn man die Höhenstraße überquert, trifft man auf einen parallel laufenden Fußweg, der nicht nur gefahrlos zu begehen ist, sondern auch

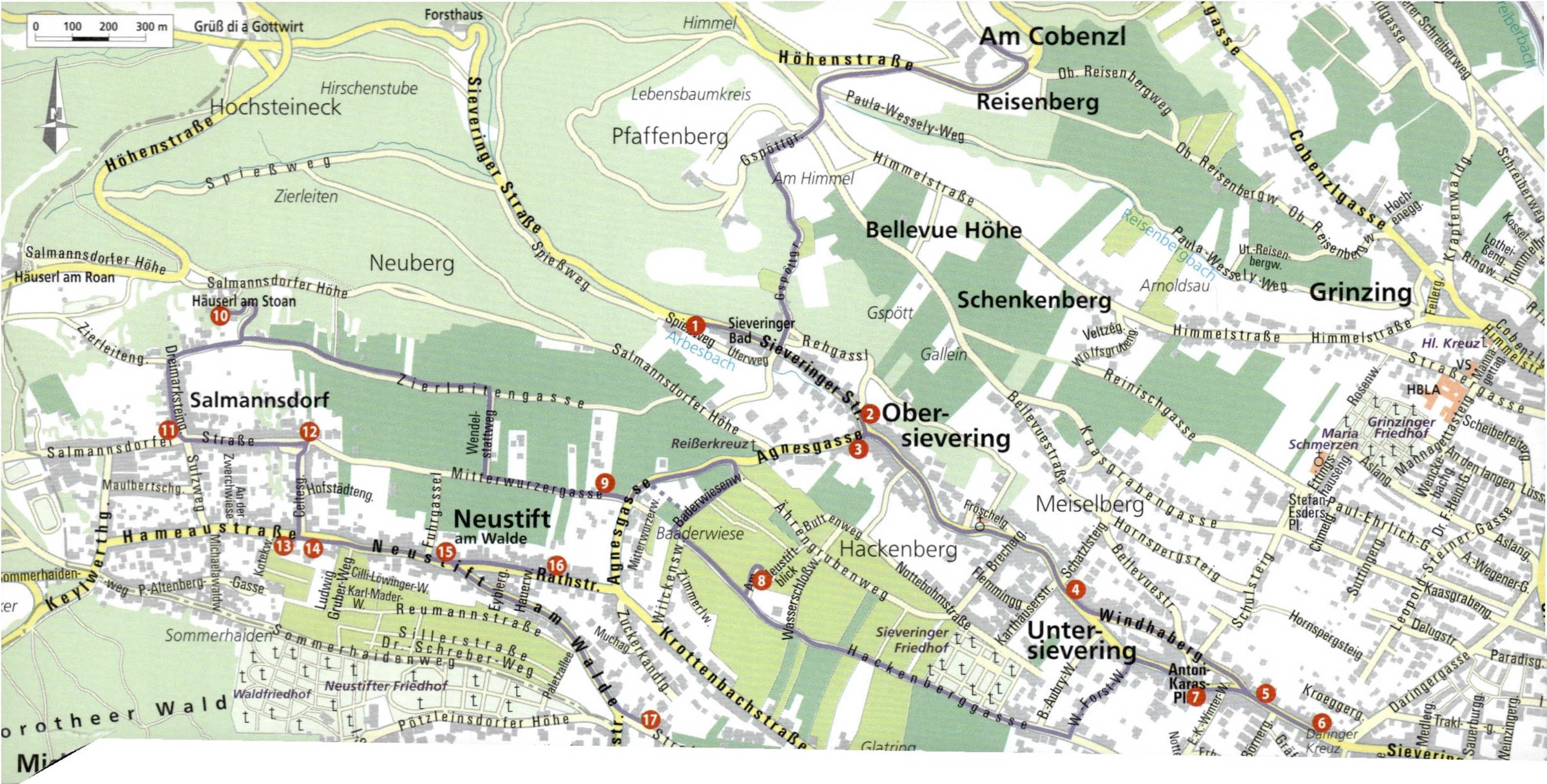

0 100 200 300 m
Grüß di a Gottwirt
Forsthaus
Himmel
Am Cobenzl
Höhenstraße
Reisenberg
Hirschenstube
Hochsteineck
Lebensbaumkreis
Pfaffenberg
Sieveringer Straße
Paula-Wessely-Weg
Ob. Reisenbergweg
Cobenzlgasse
Spießweg
Zierleiten
Gspöttgr.
Am Himmel
Himmelstraße
Bellevue Höhe
Reisenbergbach
Ob. Reisenbergw.
Salmannsdorfer Höhe
Häuserl am Roan
Neuberg
Häuserl am Stoan
Arnoldsau
Grinzing
Schenkenberg
Gspött
Sieveringer Bad
Uferweg
Arbesbach
Rehgassl
Veltzeg.
Wolfsgrabeng.
Gallein
Hl. Kreuz
HBLA
VS
Grinzinger Friedhof
Maria Schmerzen
Zierleiteng.
Dreimarksteing.
Salmannsdorf
Zierleitengasse
Wendelstattweg
Salmannsdorfer Straße
Reinischgasse
Ober-sievering
Agnesgasse
Reißerkreuz
Mitterwurzergasse
Maulbertschg.
Sulzweg
An der Zwerchwiese
Celtesg.
Hofstädteng.
Fuhrgassel
Neustift am Walde
Bellevuestraße
Kaasgrabengasse
Meiselberg
Fröschelg.
Hackenberg
Bultenweg
Ährengrubenweg
Baderwiesenw.
Baaderwiese
Nottebohmstraße
Hameaustraße
Keylwerthg.
Kotekw.
Michaelawaldw.
P.-Altenberg-Gasse
Neustift am Walde
Rathstr.
Eybleg.
Hauerw.
Cilli-Löwinger-W.
Karl-Mader-W.
Ludwig Gruber-Weg
Reumannstraße
Sillerstraße
Dr.-Schreber-Weg
Sommerhaidenweg
Sommerhaiden
Waldfriedhof
Neustifter Friedhof
Pötzleinsdorfer Höhe
Paletzallee
Muchag.
Zuckerkandlg.
Krottenbachstraße
Wickensw.
Zimmerlw.
Mitterwurzerw.
Am Neustiftblick
Wasserschloßw.
Hackenberggasse
Sieveringer Friedhof
Glatring
Flemmingg.
Brecherg.
Karthauserstr.
Schatzlsteig
Hornspergsteig
Bellevuestr.
Unter-sievering
Windhaberg.
Schulsteig
B.-Aubry-W.
W.-Forst-W.
Anton-Karas-Pl.
Kroeggerg.
Daringer Kreuz
Sieveringer Str.
Stefan-Esders-Pl.
Paul-Ehrlich-G.
Leopold-Steiner-Gasse
Suttingerg.
Chimanig.
Delugstr.
Kaasgrabeng.
A.-Wegener-G.
Aslang.
Paradisg.
Daringergasse
Medlerg.
Trakl-g.
Sauerburgg.
Weinzingerg.
Mannagettasteig
Wencke-bachg.
An den langen Lüss.
Dr. F.-Heinl-G.
Rosenw.
Ettingshausen
Scheibelreiterg.
Straßergasse
Himmelstraße
Feilerg.
Krapfenwaldg.
Hochenegg.
Schreiberweg
Kossel-g.
Lotheißeng.
Ringw.
Trummelhof
Cobenzlgasse
Schreiberbach
Dorotheer Wald
Keylwerthg.
Sommerhaiden-weg

Blick über die Bellevue zum Wienerwald

die Weingärten der Lage „Seidenhaus" entlangführt, von wo Jahr für Jahr die besten und eindrucksvollsten Weißburgunder des Weinguts Cobenzl (siehe ▶ Route Grinzing, S. 96) stammen. Bald führt der Weg die Himmelstraße entlang, quert den Paula-Wessely-Weg, der entlang des Reisenbergbachs nach Grinzing führt. Hier hat man die erste Möglichkeit zu einer Abkürzung: Wenn man sich die Heurigen in Obersievering sparen will oder gerade niemand von denen, die einen interessieren, ausgsteckt hat, kann man die Himmelstraße nach links nehmen, rechts in die Bellevuestraße einbiegen und, dieser folgend, an den weitläufigen, jungen Weingärten der Lage „Bellevue" (links) oder den kleinen, steilen, mitunter uralten und teilweise sogar terrassierten Weingärten der Lagen „Gspött", „Görgen" und „Gallein", die sich von der Bellevuestraße hinunter nach Sievering ziehen, vorbeispazieren. Der Ausblick ist grandios, die Villen, die sich hier aneinanderreihen, erinnern mitunter an Szenerien am Lago Maggiore, auf dem Weg nach Sievering begegnet man sogar noch dem einen oder anderen Weingarten, für dessen Grund offenbar noch kein zukünftiger Villenbesitzer genügend Geld geboten hat. Die Bellevuestraße mündet in Untersievering in die Windhabergasse, wo wir auf die ursprüngliche Route treffen.

Die längere Version führt uns über den Gspöttgraben, vorbei an einem Kinderheim, in eine extrem steile und enge Klamm, die ein paar Häuschen und einen veritablen Steinbruch (schon zur Römerzeit in Betrieb!) passiert, bis sie gegenüber dem Sieveringer Bad in die Sieveringer Straße mündet. Wendet man sich nach rechts, kommt man nach etwa hundert Metern zum **❶ Heurigen Koller** (19., Sieveringer Straße 269a, Tel. 01/ 440 22 24, www.heuriger-koller.at, Öffnungszeiten siehe Website), ein ursprünglich traditionelles Haus, das mit den diversen Renovierungen freilich ein wenig an Charme eingebüßt hat. Das Buffet entspricht den Erwartungen, die Weine stammen hauptsächlich von Lagen in Neustift, der Garten am kühlen Arbesbach hat durchaus seinen Reiz.

Heuriger Koller

„Malerwinkel“ mit Kamaldulenserhof (re.)

Wir wenden uns wieder stadteinwärts und kommen bald zum sogenannten „Malerwinkel“, das historische und wegen seines Liebreizes eben tausendfach gemalte Zentrum Obersieverings, in dem die Häuser alt und beschaulich werden und die Straße sich drastisch verengt. Das zentrale Gebäude hier ist der sogenannte ❷ **Kamaldulenserhof** (19., Sieveringer Straße 170), ein ursprünglich aus dem 16. Jahrhundert stammender Meierhof des Kamaldulenserordens, der am Kahlenberg und in Obersievering große Besitzungen hatte. Die Familie Bacher erwarb den Hof mit dem großen Tor zu Beginn des 20. Jahrhunderts, betrieb hier auch ein bisschen Weinbau und eine legendäre Buschenschank. Nach dem Tod des Ehepaares Bacher steckten diverse Kleinwinzer aus (darunter auch Manfred Taschler, siehe Route „Der Nußberg“, ► S. 117), seit 2006 veranstaltet die junge Quereinsteigerwinzerin Jutta Ambrositsch (www.jutta-ambrositsch.at) in den stimmungsvollen, uralten Stuben (eine davon eine ehemalige Kapelle) ihre sogenannte „Buschenschank in Residence“: An sechs Wochenenden schenkt sie nicht nur ihre außerordentlich guten Weine aus, sondern offeriert auch Heurigenbuffet auf Gourmetniveau,

Verwunschene Heurigenidylle im Kamaldulenserhof

unter anderem mit eigens angefertigten Blutwürsten vom Kultwinzer/-fleischhauer Hans Schwarz aus Andau, Ziegen- und Büffelrohmilchkäse von Robert Paget und Hirschschinken aus der elterlichen Jagd.

Nach dem Schließen des Heurigen Graninger, des überaus beliebten Nikisch und des Detter in den Jahren 2006 und 2007 bleibt der ❸ **Buschenschank Haslinger** (19., Agnesgasse 3, Tel. 01/440 13 47, www.buschenschank-haslinger.at, während der Aussteckzeiten Di–Fr ab 14, Sa, So ab 11.30 Uhr) quasi der einzige reguläre Heurige im Obersieveringer Ortskern. Hier klappte der Generationswechsel allerdings einigermaßen gut, Frau Haslinger senior ist als Köchin nach wie vor im Einsatz und unverzichtbar und dient vielen Anrainern nicht selten als sonntägliche Versorgungsstelle für Schnitzel, Braten und dergleichen. Das Innere des Haslinger-Heurigen präsentiert sich so weit eher unspektakulär, der Hof sogar ein wenig düster, wirklich punkten kann er aber mit einer Dachterrasse, von der man einen fantastischen Blick auf die gegenüberliegenden Weingärten hat, und mit einem verträumten Garten am oberen Hang, wo die Romantik absolut gegenwärtig ist.

Blühender Garten mit Auslick: Buschenschank Haslinger

Wir folgen der Sieveringer Straße stadteinwärts, vorbei an der Pfarrkirche St. Severin und zahlreichen Villen, und gelangen schließlich auf eine Art Platz, quasi das Zentrum von Untersievering. Auch hier gibt es noch einen Heurigen, und zwar den

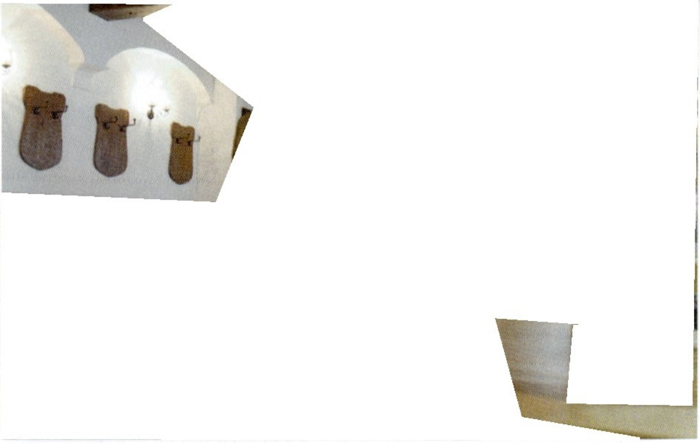

Topweine vom Hackenberg: Kroiss

❹ **Kroiss** (19., Sieveringer Straße 108, Tel. 01/320 39 92, in ungeraden Monaten tägl. 15.30–23 Uhr), der sich nicht nur dadurch auszeichnet, dass er überhaupt existiert, sondern vor allem auch dadurch, dass die Rotweine des Betriebs aufgrund der Einheirat von Roland Kroiss, eines Winzers aus Illmitz, Jahr für Jahr von hervorragender Qualität sind und sicher zu den besten in Wien zählen – das ist umso bemerkenswerter, als doch gerade Sievering für sein kühles, feuchtes Klima berüchtigt ist.

Dass Weinbau und Heurigenkultur hier bis vor etwa hundert Jahren allgegenwärtig war, sieht man noch an zahlreichen bezaubernden Winzerhäusern vor allem in der Windhabergasse, etwa dem liebreizenden ► Hollerhof (19., Windhabergasse 34), hinter dem sich sogar noch ein beachtlicher Weingarten zur Bellevuestraße hinaufzieht. Auch eine vor der Sieveringer Straße 104 ausgestellte alte Weinpresse kann man hier sehen: Mit dem Regendach, der Sitzbank und den paar Lampen wirkt sie allerdings eher wie ein Hohn auf die eigene Historie. Sehr ernst nimmt indes ❺ **Gustav Schreiber** (19., Sieveringer Straße 59, Tel. 01/320 58 51, geöffnet einmal im Jahr, 2008: Juni) die Weinangelegenheit: Der pensionierte Bundesbeamte bewirtschaftet einen halben Hektar Weingarten hinter seinem Häuschen mit Riesling, Weißburgunder und Rotweinsorten, einen Monat pro Jahr steckt er aus, dafür reicht der Wein; dazu gibt's ganz klassisch kaltes Buffet – einer der letzten echten Buschenschenken der Stadt.

Wenn man jetzt vielleicht Lust auf ein paar Weine von außerhalb Wiens, vielleicht sogar auf große Gewächse aus Frankreich in Kombination mit wunderbar gutbürgerlicher Küche mit einem ganz leichten 1970er-Flair hat, sollte man noch ein paar Schritte in Richtung ❻ **Restaurant Eckel** (19., Sieveringer Straße 46,

Tel. 01/320 32 18, www.restauranteckel.at, Di–Sa 11.30–14.30, 18–24 Uhr) tun, wo es das alles nämlich gibt.

Will man indes dem Thema Wiener Wein treu bleiben, führt der Weg in die andere Richtung, wo man nach ein paar Häusern auf den sogenannten ❼ **Dreikugel-Schachinger** (19., Sieveringer Straße 99, Tel. 0664/577 39 51, Sa ab 15 Uhr) stößt. Das Haus führt seinen Namen auf drei Steinkugeln zurück, die aller Wahrscheinlichkeit nach von den Türken im Sieveringer Steinbruch angefertigt wurden. Vor fünf Jahren übernahmen Alexander und Andreas Trinks quasi im Knabenalter den Heurigen ihrer Wahlgroßeltern; sie keltern Wein aus den Trauben, die im kleinen Weingarten direkt hinter dem Heurigen wachsen, und stecken einmal pro Woche aus. Wenn sie mit ihrer Ausbildung fertig seien, so die Studenten, würden sie überlegen, den Betrieb etwas zu expandieren.

Restaurant Eckel

Dreikugel-Schachinger

Folgt man der Sieveringer Straße stadtauswärts, stößt man bald auf die ► Bäckerei Wannenmacher (19., Sieveringer Straße 76, Tel. 01/320 34 91, www.wannenmacher-brot.at, Mo–Sa 6–19, So 7.30–19 Uhr), die vor einiger Zeit um ein modernes Café erweitert wurde und außerdem so ziemlich alle Heurigen der näheren Umgebung mit wirklich erstklassigem Brot aus der Dampfbäckerei beliefert. Ein paar Häuser weiter kommt man zu einem Gemeindebau, durch dessen Tor der Willi-Forst-Weg führt, benannt nach dem be-

Schutzhaus Hackenberg

rühmten Regisseur der Zwischenkriegszeit und gewissermaßen das einzige Relikt der „Wien-Film"-Studios, in denen zahllose Hörbiger-Filme und nicht zuletzt die Sissi-Trilogie gedreht wurden. Davon ist nichts mehr geblieben, aber dafür führt der Weg zur Hackenberggasse, gesäumt von Villen und Einfamilienhäusern, in die wir rechts einbiegen und bald zum Hackenbergweg kommen. Hackenbergsteig wäre freilich auch nicht schlecht, denn zwischen dem Friedhof auf der rechten und Weingärten auf der linken Seite geht's hier beachtlich bergauf. Die Riede Hackenberg ist mit ihren elf Hektarn nicht gerade klein, da die Weingärten aber von keiner Seite wirklich einsehbar sind, ist sie einigermaßen unbekannt. Das weingärtnerische Spektrum reicht hier von akribisch gepflegten Rebzeilen über schlampig bewirtschaftete bis zu völlig verwahrlosten beziehungsweise vergessenen Anlagen. Dabei erweist sich der Hackenberg – recht niedrig gelegen, schöne Süd- bis Südostexposition, lehmiger Boden und geschützte Lage – immer deutlicher als eine der interessantesten Rotweinrieden im 19. Bezirk. Was die Weingärten freilich auch nicht retten wird: Bis sich Kleingärten oder Wohnbauten auch auf die noch verbliebenen Hackenberg-Weingärten erstrecken, ist nur mehr eine Frage der Zeit und bedarf nur eines kleinen Fehlers bei der nächsten Umwidmung.

Mitterwurzergasse

Hat man den Gipfel des Hackenbergs erreicht, erweckt zuerst einmal das sogenannte ► „Wasserschloss", ein aus den 1930er-Jahren stammender martialischer Aufbau auf einem Wasserspeicher, für Aufsehen. Danach gelangt man zu einer Lagerwiese, an der das ❽ **Schutzhaus Hackenberg** (19., Am Neustiftblick 2, Tel. 01/440 27 09, www.schutzhaushackenberg.at, April bis Oktober tägl. 8–22 Uhr) zur Rast einlädt. Das Schutzhaus war seit jeher ein exzellenter Geheimtipp für unverfälschte Wiener Küche in idyllischer Kleingartenatmosphäre, im Herbst konnte man hier auch Sturm diverser Winzer aus Neustift und Sievering probieren. Dass das nach der Neuübernahme im März 2008 so bleiben wird, ist zu hoffen.

Von hier den Anschluss in die Mitterwurzergasse zu finden, ist leider nicht so leicht. Statt die Schleife über den Baaderwiesenweg und die Agnesgasse zu nehmen (mit dem Fahrrad kein Problem), empfiehlt sich der direkte Weg über die Wiese, sofern dies nicht durch Zäune verhindert wird.

Von der Agnesgasse biegen wir nun in die Mitterwurzergasse ein, die nicht nur quer durch die Weingärten Neustifts führt, sondern auch einen (wenngleich eher banalen) Weinlehrpfad beherbergt und außerdem die direkteste Verbindung nach Salmannsdorf ist. Gleich zu Beginn der Gasse liegt rechts der Parkplatz des ❾ **Weinhofs Zimmermann** (19., Mitterwurzergasse 20, Tel. 01/440 12 07, www.weinhof-zimmermann.at, März bis Dez. Mo–Sa, Fei 15–24 Uhr), von dem aus ein doch recht steiler Weg zum Heurigen führt. Weingut und Heuriger haben nichts mit dem gleichlautenden Heurigen in der Armbrustergasse zu tun, der Weinhof Zimmermann bewirtschaftet seine Weingärten unmittelbar neben dem Heurigen in der Riede Mitterbergen. Bei der Gestaltung der Innenräume lässt sich doch recht deutlich erkennen, dass der Designer Walter von Hoesslin in den 1970er-

Zuerst der Anstieg, dann die Belohnung: Garten des Weinhofs Zimmermann

Schutzhaus-Stimmung über den Neustifter Weingärten im Häuserl am Stoan

Jahren Bühnenbildner der Volksoper war, der Garten am steilen Hang, direkt neben den Weingärten, wirkt da ein wenig authentischer und wird vom Publikum auch sehr geliebt.

Wir begeben uns wieder auf die Mitterwurzergasse, die recht bald von einer Gasse zum Feldweg wird, und halten uns westwärts. Bald biegt nach rechts ein weiterer Feldweg ab, an dem nun wieder einmal die Möglichkeit zu einer Abkürzung besteht: Diese lässt uns der Mitterwurzergasse folgen, vorbei an der ▶ Marienstatue von 1697, an der sich 1821 Ferdinand Raimund und Toni Wagner verlobten, vorbei an der schmiedeeisernen Karikatur einer Reblaus, bis zum Ende des Weges, der auf festem Boden nun als Salmannsdorfer Straße weiterführt.

Nah am Himmel: Weingärten Zierleitengasse

Die längere Version führt uns den Feldweg in den Weingärten bergauf quer durch die Riede Mitterbergen bis zur Zierleitengasse, die hier ebenfalls eher ein erdiger Weg durch die Weingärten ist und wunderbare Ausblicke über Weingärten, Neustift und Stadt ermöglicht. Folgt man der Zierleitengasse westwärts wird man nicht nur die extreme Steilheit der Weingärten rechter Hand (Riede Neuberg) bemerken, sondern bald auch seltsame Zungen aus Geröllmaterial, die sich vom Waldrand zwischen die Weingärten schieben. Die seien durch jahrhundertelange Aufschüttung der Steine aus den Weingärten entstanden, erfährt man, was irgendwie nahelegt, dass die

Arbeit in diesen Weingärten wohl nicht gerade zu den leichtesten und einfachsten Tätigkeiten zählte.

Unmittelbar nachdem die Zierleitengasse von den Weingärten in den Wald führt, biegt nach rechts ein kleiner, sehr steiler Waldweg ab, der zum ⑩ **Häuserl am Stoan** (19., Zierleiteng. 42a, Tel. 01/440 13 77, www.amstoan.com, Mi–So 11–23 Uhr) führt: ein uriges Ausflugsgasthaus mit prächtigem Ausblick, allerdings ohne konkrete Beziehung zum Wein. Der Weg zur Route führt zurück über die Zierleitengasse, extrem steil bergab zur Dreimarksteingasse und diese entlang durch das wunderschöne, alte Salmannsdorf bis zur Salmannsdorfer Straße. Hier legt man in der sogenannten ⑪ **Dorfschenke** (19., Dreimarksteingasse 1, Tel. 01/440 20 89, www.dorfschenke-neustift.at, Mi–Fr 15–23, Sa, So 11.30–22 Uhr), ein etwas scharf renovierter Heuriger aus dem Jahr 1467, eine Pause unter anderem mit Weinen vom Weingut Cobenzl ein. Oder man nimmt die Salmannsdorfer Straße bis dort, wo sie wieder zur Mitterwurzergasse wird, und, bei der ⑫ **Buschenschank Annette Prager** (19., Salmannsdorfer Straße 10, Tel. 01/440 20 85, April bis Okt. Do–So 16–23 Uhr), außerdem auf die abgekürzte Tour trifft. Diese Buschenschank gilt unter den Neustiftern und Salmannsdorfern als absoluter Geheimtipp, da recht klein, für Busse quasi unerreichbar, familiär geführt und von durchaus einfacher Anmutung. All das macht die Buschen-

Dorfschenke

Annette Prager, Buschenschank-Geheimtipp

Buschenschank Wilfinger

schank zu einem attraktiven Alternativprogramm zu den zahlreichen Nobel- und Operettenheurigen, von denen Neustift ja so sehr dominiert wird. Dazu kommt ein herzhaftes, klassisches Buffet, ein wunderbarer Garten und Eigenbauweine sogar von so raren Sorten wie etwa dem Grünen Sylvaner oder einem Gemischten Satz namens „Ursatz".

Über die Celtesgasse geht's dann bergab zur Hameaustraße, auf der gleich gegenüber die nächste Besonderheit wartet: Die ⓭ **Buschenschank** von **Franz Rath** (19., Hameaustraße 11, Tel. 01/440 29 44, geöffnet vier Wochen im Juni, August), die da an wenigen Wochen pro Jahr direkt neben der Einflugschneise von Höhenstraße und Neuwaldegg einen kleinen, lieblichen Obstgarten mit ein paar Bankerln und hoher Idyllegarantie aufweist. Seinen Weingarten hat Franz Rath in der Riede Mitterbergen, etwa ein Drittel Hektar Gemischter Satz. Wenn man ihn fragt, was sich bei seiner Buschenschank während der vergangenen dreißig Jahre geändert habe, so fällt ihm nur ein, dass sie reifer geworden ist.

Die nächste Station ist die ⓮ **Buschenschank Wilfinger** (19., Hameaustraße 5, Tel. 01/440 31 34, www.neustift-am-walde.at/h-wilfinger.htm, während der Öffnungszeiten Do–Sa 16–24, So 15–22.30 Uhr), ein schon sehr adretter Heuriger, der aber auch nur ein paar Wochen offen hat, ausschließlich Eigenbauweine ausschenkt und vor allem ein wunderschönes Jugendstilsalettl im Garten stehen hat.

Nach 200 Metern beginnt Neustift schließlich mit dem Programm, das Prominente in Dirndln seit den frühen 1970er-Jahren lieben, bei Touristen hoch im Kurs steht und Neustift schließlich ähnliche Probleme schafft wie sie auch Grinzing hat: die Großkulisse. Fuhrgassl-Huber, mit mehreren Betrieben, Schreiberhaus, Zeiler am Hauerweg und Wolff mit zwei Häusern, insgesamt können sie etwa 10.000 Gäste fassen. Gemeinsam ist diesen Betrieben ihre operettenhafte Rustikalität. Dabei agiert man auf hohem Serviceniveau, bietet buffetmäßig so ziemlich alles, was sich braten und in Vitrinen legen lässt, meistens gibt's darüber hinaus noch Speisekarten wie im Restaurant. Nicht zuletzt ist die Weinqualität großteils hervorragend: Ernst Huber vom ⓯ **Weingut Fuhrgassl-Huber** (19., Neustift am Walde 68, Tel. 01/440 14 05, www.fuhrgassl-huber.at, Mo–Sa 14–24, So, Fei 12–24 Uhr) – mit dem Fuhrgassl-Huber, der Hauerkuchl und dem Landhaus Huber der Größte unter den Großen in Neustift – gewinnt mit seinen feinfruchtigen und blitzsauberen Weinen regelmäßig Bewerbe und Trophäen, Weißburgunder, Sauvignon blanc und Riesling aus Neustift und vom Nußberg zählen zum Besten, was aus Wiens Weingärten kommt. Rein atmosphärisch stellen diese Betriebe von kalifornischen Außmaßen und Anmutungen aber natürlich eine ganz andere Wirklichkeit dar als die romantischen Winzlinge.

Weingut Fuhrgassl-Huber

Fuhrgassl-Huber

In den vom Bühnenbildner Walter von Hoesslin in gediegen-rustikalem Stil gestalteten Räumen, die rund 900 Gästen Platz bieten, genießt man ein Buffet, das keine Wünsche offen lässt und eine breite Palette von ausgezeichneten Eigenbauweinen.

Mo–Sa 14–24, So, Fei 12–24

19., NEUSTIFT AM WALDE 68,
Tel. 440 14 05, Fax 440 27 30,
weingut@fuhrgassl-huber.at.

Ein ganz besonders Winziger, Versteckter ist da zum Beispiel der **16 Haunold-Pichler** (19., Rathstraße 26, Tel. 01/440 34 80), der jedes Jahr überhaupt nur wenige Tage ausgsteckt hat, dann den Eigenbau Gemischten Satz der Riede Mitterbergen ausschenkt und dazu primär Aufstriche anbietet – in einem Holzhütterl mit ein paar Tischen in der Wiese, und das gegenüber vom „Falcon Crest"-artigen Zeiler am Hauerweg und direkt neben dem Landhaus Huber. Wenn's für Purheit und Authentizität einen Preis gäbe, der Haunold-Pichler wäre ein Anwärter dafür.

Neustift im Herbst

Wobei da zweifellos auch der **17 Nierscher** (19., Strehlgasse 21, Tel. 01/440 21 46, Dez., Jän., April bis Okt. Do–Mo 15–24 Uhr) – wir erreichen ihn über die Eyblergasse hinter der Kirche, weiter die Straße Neustift am Walde und schließlich, links, die Strehlgasse – Chancen hätte: Dieser urige Heurige steht bei seinen Fans besonders hoch im Kurs, kaum ein anderer hat so viele Stammgäste wie der Nierscher (immerhin zählte da auch schon Karl Kraus dazu), und der Garten hat bisher noch so ziemlich jeden zum Nierscher-Fan werden lassen. Wein und Buffet reichen freilich kaum über den Durchschnitt hinaus. Macht aber nichts. Wir folgen dem Verlauf der holprig gepflasterten Strehlgasse bergab, vorbei an einem singulären Weingarten mit dem Riednamen Öllern und gelangen auf die Krottenbachstraße und an das Ende dieser Tour.

Nierscher: beim Stammpublikum seit jeher beliebt

ROUTE 7

Grinzing – Tradition und Tourismus

Ausgangspunkt: Grinzinger Allee/Iglaseegasse (Straßenbahn 38, Station Sieveringer Straße)

Endpunkt: Cobenzl (Bus 38A)

Die Route: Iglaseegasse (❶ Hengl-Haselbrunner) – Zehenthofgasse – Hungerbergstraße (Hungerberg) – Daringergasse – Kaasgrabengasse – Stefan-Esders-Platz – Reinischgasse (❷ Zawodsky) – Ettingshausengasse – Rosenweg – Straßergasse – Mannagettagasse – Himmelstraße (❸ Gsöls „Zum Berger") – Cobenzlgasse (❹ Müller-Schmidt, ❺ Reinprecht) – Himmelstraße (❻ Vinothek St. Pierre) – Sandgasse (❼ Maly) – Langackergasse (❽ Rauscher) – Grinzinger Steig – Ringweg – Krapfenwaldgasse – Feilergasse (❾ Wiegel) – Cobenzlgasse (❿ Obermann) – Oberer Reisenbergweg (⓫ Weingut Reisenberg) – Cobenzl (⓬ Weingut Cobenzl).

Unbedingt hingehen:
- ✶ Zawodsky
- ✶ Rauscher
- ✶ Weingut Reisenberg
- ✶ Oberer Reisenbergweg
- ✶ Hengl-Haselbrunner

Das soll jetzt kein Abgesang werden. Und eine Anklage natürlich auch nicht. Obwohl Grinzing schon Polarisierungspotenzial bietet: Denn einerseits gilt der noble Vorort quasi als Inbegriff der Wiener Weinkultur, andererseits ist Grinzing ein klassisches Beispiel sowohl für die Sünden des Massentourismus während der vergangenen vierzig Jahre als auch für die städtebaulichen Bedrohungen, denen sich der Wiener Wein stets ausgeliefert sieht. Hört und liest man heute von Grinzing, dann meistens in dem Zusammenhang, dass wieder einmal eine völlig hoffnungslose Initiative gestartet werden soll, den (baulich längst stark beeinträchtigten) Ortskern zum Weltkulturerbe ernennen zu lassen; von Schließungen weiterer Traditionsheurigen und der Umwandlung derselben in luxuriöse Appartements; vom Fehlen einer jungen Generation im Grinzinger Weinbau und von kulissenhaften Pseudoheurigen, in denen Touristen zu überhöhten Preisen Wein von irgendwoher vorgesetzt wird.

Und das stimmt natürlich alles, aber neben diesen zahlreichen Schattenseiten verfügt das weinmäßige Grinzing immer noch über ein paar Fleckerln, an denen die önologische Sonne durchaus kräftig scheint: Das zeigt sich zum Beispiel an der Tatsache, dass die Katastralgemeinde Grinzing immer noch über 74 Hektar Weingärten verfügt, das sind immerhin mehr als zehn Prozent des Wiener Weins, und es handelt sich dabei nicht um den schlechtesten. In Grinzing selbst sind noch elf Betriebe ansässig, die in und um Grinzing Wiener Wein keltern, das ist natürlich nicht viel, aber immerhin. Und nach Jahren der Stagnation macht sich im Zuge der Renaissance des Wiener Weins sogar in Grinzing ein zartes Pflänzchen der Innovation bemerkbar.

Wiener Weinhistorie, Authentizität und Tradition, touristischer Missbrauch und ein bisschen frischer Wind – das alles soll diese Tour zeigen.

Zuvor aber noch ein kurzer Abriss zur Grinzinger (Wein-)Geschichte: Erstmals besiedelt wurde das heutige Grinzing allem Anschein nach von den Römern im dritten Jahrhundert n. Chr. Grinzing diente damals als Vorposten

Reisenberg: eine der schönsten und besten Lagen Wiens

der in Klosterneuburg und Wien stationierten Legionen, die ein Lager errichteten, dessen Hauptgebäude sich am Platz des heutigen Trummelhofes befand. Ob auch schon Weinbau betrieben wurde – seit dem Jahr 282 wäre das durch Kaiser Probus legitimiert gewesen –, ist ungewiss. Endgültig besiedelt und auch mit Weinkultur versehen wurde der Ort jedenfalls durch fränkische und bayrische Einwanderer zur Zeit Karls des Großen, eine Unzahl von Klöstern, Kirchen, Stiften, Orden und Bistümern besaßen in der Folge Weingärten und Lesehöfe in Grinzing. Urkundlich erwähnt wird Grinzing zum ersten Mal im Jahre 1114: Hier Weingärten besessen zu haben, garantierte Wohlstand und Ansehen, barg aber auch die Gefahr der Zerstörung, der Grinzing bei jeder sich bietenden Gelegenheit ausgesetzt war: Immer wieder verwüsteten Ungarn, Türken, Franzosen Dorf und Weingärten. Seine große Zeit hat der Ort im Vormärz und in der Romantik: Grinzing wird von einem Stellwagen angefahren; Heurigen, Tanz und nicht zuletzt Schrammelmusik machen es zu einer Art Freizeit- und Szeneparadies des 19. Jahrhunderts. Die Reblauskatastrophe um die Jahrhundertwende beendete die Weinidylle jäh und schuf die Basis für die Verbauung der Weingärten.

Wir beginnen die Grinzing-Tour außerhalb des Ortskerns, auf Unterdöblinger Boden: Die Iglaseegasse – sie führte noch vor hundert Jahren von den Heurigen Döblings direkt in die Weingärten im Kaasgraben – beherbergte ebenso wie die Paradis- und die Pfarrwiesengasse zahlreiche Buschenschenken und Heurigenlokale. Das kann man, spaziert man heute durch diese Gassen, durchaus noch erkennen: übriggeblieben ist allerdings nur ein einziger Betrieb, der ❶ **Hengl-Haselbrunner** (19., Iglaseegasse 10, Tel. 01/320 33 30, www.hengl-haselbrunner.at, täglich 15.30–24 Uhr). Ferdinand Hengl war während seiner langjährigen Berufslaufbahn nicht nur Funktionär in den unterschiedlichsten landwirtschaftspolitischen Funktionen, sondern immer auch einer der besten Weinmacher der Stadt. Seit 1985 ist er einer der eifrigsten Verfechter eines neuen Qualitätsdenkens auch beim Wiener Wein. Sein Heuriger zählt fraglos zur Kategorie der sogenannten „Nobelheurigen", hat sich aber trotz zahlreicher Vergrößerungen und Modernisierungen immer noch seinen ursprünglichen Charakter bewahrt und schlitterte nicht in die Hollywoodfalle, wie das bei vielen anderen Betrieben passierte. Die große Stube ist prächtig, das Publikum gutbürgerlich, das Buffet nicht nur erstklassig, sondern auch wirklich interessant bestückt, der Garten gepflegt bis liebreizend. Und da Sohn Matthias Hengl ein großer Freund von Jazz, neuer Wienermusik und Neoschrammeln ist, kann man hier durchaus häufig in den Genuss derartiger Untermalung kommen. Beim Wein fährt man zweigleisig: Einerseits keltern die Hengls erstklassige Rieslinge von den besten Lagen der Stadt (Nußberg, Purgstall, Hungerberg, Reisenberg), andererseits experimentiert Matthias Hengl auch mit „modernen" Rebsorten wie Syrah, Merlot und Cabernet Sauvignon, was in geeigneten Jahren zu erstaunlich guten Rotweinen führt. Dass die meisten dieser erstklassigen Weine im Schankbetrieb kaum Beachtung finden, ist eine Manifestation des Grinzinger Paradoxons.

Hengl-Haselbrunner

Hungerberg

Wir verlassen den Heurigen entweder wieder durch den Haupteingang oder über die Rückseite zur Paradisgasse hin, wenden uns nach Westen und biegen links in die Zehenthofgasse ein. Diese führt direkt zum Hungerberg, einem der speziellsten Weinberge Grinzings, da sich dieser doch knapp sieben Hektar umfassende Bereich mitten in verbautem Gebiet befindet. Besonders kurios: Fünf uralte Rebzeilen bilden einen Ausläufer und ragen neben einem Spielplatz ins Siedlungsgebiet. Davon aber abgesehen bieten die geschützte Lage und die schweren, lehmigen Böden beste Voraussetzungen für rote Rebsorten – fast alle Rotweine von Hengl-Haselbrunner stammen aus diesen Anlagen.

Wir folgen der Hungerbergstraße, queren die Grinzinger Allee und biegen in die Daringergasse ein, die bis 1894 Grinzinger Straße hieß und das Ortsgebiet von den weitläufigen Weingärten der Lage „In den langen Lüssen" trennte, die natürlich längst Villen und Gärten gewichen sind. Dann biegen wir rechts in die Kaasgrabengasse – übrigens mit einem der höchsten Grundstückspreise der ganzen Stadt – ein.

Traumheuriger Zawodsky

Über den Stefan-Esders-Platz, mit Blick auf die neobarocke Kirche „Maria Schmerzen", die sich trotz ihres Namens bei Heiratenden überaus großer Beliebtheit erfreut, gelangen wir in die Reinischgasse, deren Highlight zweifellos der ❷ **Zawodsky** (19., Reinischgasse 3, Tel. 01/320 79 78, www.zawodsky.at, März bis Dez. Mo, Mi, Do 17–24, Fr–So, Fei 14–24 Uhr) ist. Es handelt sich hier um einen vergleichsweise jungen Heurigenbetrieb, der erst in der zweiten Generation geführt wird. Nichtsdestotrotz entspricht der Zawodsky in vielerlei Hinsicht sehr viel mehr dem klassischen Heurigenideal als viele andere: Er befindet sich quasi mitten in den Weingärten, man hat vom (wunderbaren) Garten aus einen prächtigen Blick auf die gegenüberliegenden Rieden „Thorsäulen" und „Schenkenberg", über den Baumwipfeln sieht man die Stadt, das (recht herkömmliche) Buffet wird durch Produkte aus dem eigenen Garten bereichert, das Ambiente ist zweckmäßig, keinerlei Kulissentheater lenkt von der Schlichtheit ab. Das Personal serviert

Biodynamisch und liebreizend: Gsöls „Zum Berger"

in T-Shirts und hat ein Dirndl wahrscheinlich noch nie gesehen, und – besonders wichtig – das Publikum ist so heterogen, wie das beim echten Heurigen immer schon so war und für das ganz spezielle Ambiente auch notwendig ist: Nicht nur Senioren und Touristen, sondern sehr viele junge Menschen, Kinder, Hunde, Freundesgruppen – urbanes Publikum, wie man es beim Heurigen sonst ja eher selten antrifft. Auch in Sachen Wein zählt Norbert Zawodsky durchaus zu den Hoffnungen in Wien, gerade seine mächtigen Weiß- und Grauburgunder sind exzellent, sein Riesling der Lage „Langteufel" ebenfalls, eine kontinuierliche Vergrößerung um diverse Toplagen am Nußberg („Rosengartel") lässt noch weitere interessante Weine erwarten.

Der Weg führt uns wieder zurück zum Stefan-Esders-Platz, per Ettingshausengasse passieren wir die Kirche „Maria Schmerzen" und biegen in den Rosenweg ein, einem schmalen und hübschen Pfad, der zwischen den Weingärten der Riede „Glocken" und dem ▶ Grinzinger Friedhof verläuft. Dieser Friedhof ist nicht nur einer der schönsten der Stadt, er ist auch recht prominent „belegt": Gustav Mahler, Alma Mahler-Gropius-Werfel oder Thomas Bernhard haben hier ihre Gräber.

Rechts über die Straßer- und links die Mannagettagasse gelangt man von einer ungewöhnlichen Seite in den von der barocken Pfarrkirche „Zum heiligen Kreuz" geprägten Ortskern Grinzings, mit dem ▶ „Trummelhof" (Cobenzlgasse 30), Grinzings ältestem Gebäude, das bis 1931 unter anderem eine Brauerei beherbergte, und zahlreichen alten Winzerhäusern. Der Renovierungsgrad in Grinzing ist hoch, die touristische Infrastruktur ebenfalls, nach Ursprünglichkeit muss man schon ziemlich lange suchen. Findet sie dann aber durchaus noch, etwa im ❸ **Heurigen Gsöls „Zum Berger"** **(19., Himmelstraße 19, Tel. 01/320 58 93, www.zumberger.at, Mi–Sa 15–23.30, So 12–23.30 Uhr)**, einem kleineren, recht urigen und sehr traditionellen Heurigen, der vor einigen Jahren von der Familie Gsöls übernommen wurde und seitdem nach biodynamischen Richtlinien geführt wird. Die Weine stammen hauptsächlich als alten Grinzinger Lagen, man presst mit alten Holzpressen und lagert in großen Fässern direkt unter dem Heurigen.

Gegenüber, in der Cobenzlgasse, findet man den adretten ❹ **Heurigen Dr. Müller-Schmidt** (19., Cobenzlgasse 38, Tel. 01/320 62 71, www.drmueller-schmidt.at, von Ostern bis zur Lese tägl. 16–24 Uhr), den Betrieb eines Mittelschulprofessors, der sich neben dem Wiener Wein (darunter auch Riesling und Grüner Veltliner von der Ried „Plagen", dem steilsten Weingarten in Wien) vor allem auch auf das Brennen von edlen Destillaten spezialisiert hat. Ein paar Häuser weiter befindet sich der ❺ **Heurige Reinprecht** (19., Cobenzlgasse 22, Tel. 01/320 14 71-0, www.heuriger-reinprecht.at, tägl. 15.30–24 Uhr), lange Zeit das Zentrum Grinzinger Weinkultur: Hugo Reinprecht bewirtschaftete ab 1953 bis zu 28 Hektar Weingärten in Wien, unterhielt in Grinzing drei Gastronomiebetriebe und bekleidete hohe Ämter im Veranstal-

Heuriger Müller-Schmidt

Musik ist hier unvermeidlich: Reinprecht

terverband. Von Schlichtheit ist hier dementsprechend wenig zu bemerken, hier gibt's Musik schon im Eingangsbereich, hier kann man Österreichs größte Sammlung antiker Korkenzieher bewundern, hier war dem Vernehmen nach Robert Stolz Stammgast, hier gefiel und gefällt es auch den Touristen. Mangels Nachfolge schrumpfte der einstige Paradebetrieb in den vergangenen Jahren allerdings drastisch, Hugo Reinprechts Weine überzeugen aber nach wie vor durch Sauberkeit und fruchtige Frische. Die Anzeigetafel, auf der vermerkt wird, welcher Heurige gerade geöffnet („ausgsteckt") hat, befindet sich übrigens am Haus Cobenzlgasse 6. Eine weitere Weinadresse, die allerdings überhaupt nichts mit Wein aus Grinzing zu tun hat, ist die ❻ **Vinothek St. Pierre** (19., Himmelstraße 31, Tel. 01/328 62 35), eine geschmackvoll und modern gestaltete Weinhandlung, in der man Weine aus Österreich und aller Welt erwerben kann.

Vinothek St. Pierre

Wir queren die Kreuzung mit der Grinzinger Allee und folgen der Sandgasse. Auch hier beherbergte vor gar nicht allzu langer Zeit jedes Haus einen Heurigen, legendär etwa waren die beiden Ruckenbauer-Betriebe auf Nummer 4 und 6, man erzählt von kargem Interieur und Menschenschlangen, wenn der „4er" ausgsteckt hatte. Davon ist wenig übriggeblieben, in den vergangenen zwanzig Jahren wurden die Betriebe entweder geschlossen oder verwandelten sich zu „Heurigen-Restaurants", also Lokalen, die zwar so aussehen wie Heurigen, aber keinen eigenen Wein ausschenken. Lobenswerte Ausnahme ist da der ❼ **Maly** (19., Sandgasse 8, Tel. 01/ 320 13 84, www.heuriger maly.at, März bis Nov. tägl. 15.30–24 Uhr), ein Traditionsbetrieb mit hübschem Garten, Schrammelmusik und gutbürgerlichem Ambiente, das verständlicherweise auch bei Reisegruppen großen Anklang findet. Die Rieslinge und Grünen Veltliner stammen vom Nußberg und aus der Grinzinger Lage „Steinberg", überzeugen durch Finesse und Tiefgang, werden allerdings nur zum geringsten Teil in Flaschen gefüllt. Eine Spezialität des Hauses ist auch der Honig, der von Bienenstöcken in den Weingärten stammt.

Gegenüber der Sandgasse zweigt die Langackergasse ab, und hier befindet sich einer der letzten wirklichen Buschenschenken Grinzings, nämlich der 8 **Rauscher (19., Langackerg. 5a, Tel. 01/320 54 65, während der Aussteckzeiten 15–23 Uhr):** Hier ist nur ein paar Mal im Jahr offen, hier gibt's kein warmes Buffet, aber dafür werden die Braten von Mutter Rauscher persönlich aus dem Rohr geholt; die Stube mit dem groben Holzboden und dem Kanonenofen erinnert an ein Dorfmuseum, das Personal beschränkt sich auf den Winzer Franz Rauscher, dessen Schmäh in Grinzing allerdings Legendencharakter besitzt. Der Rauscher liegt recht versteckt, der Garten ist nicht allzu groß, man akzeptiert keine Kreditkarten – mit dem Effekt, dass die Grinzinger und restwienerischen Heurigenfreaks hier einigermaßen unter sich sind. Die Weinqualität variiert von Jahr zu Jahr, reicht von rustikal bis erfrischend authentisch, der Liptauer und der Krenaufstrich gehören aber kontinuierlich zu den besten der Stadt.

Grinzing pur: Heuriger Maly

Eine ungewöhnliche Perspektive Grinzings bietet sich, wenn man den Grinzinger Steig erklimmt und auf halber Höhe nach links in den Ringweg einbiegt. Denn hier sieht man schon nach ein paar Metern die letzten Reste jener Weingärten, die früher gleich hinter den Grinzinger Winzerhäusern begannen und sich in ununterbrochener Folge bis zum Schreiberbach fortsetzten. Was man hier heute noch sieht, ist quasi ein Anachronismus und aufgrund schwieriger Zufahrt sowie mangelndem Interesse der Grundbesitzer zum Sterben verurteilt. Folgt man dem Ringweg weiter, bietet sich kurz vor seiner Einmündung in die Krapfenwaldgasse ein prächtiger Ausblick auf die Lagen „Ring" und „Sommeregg", eine steile Einzellage über der Krapfenwaldgasse, von der aus man an Sommernachmittagen eine Erscheinung namens „Jausenfee" beobachten kann: eine strahlende Gestalt in Form einer Frau mit fließendem Schleier genau über dem Stephansdom – mystischen Legenden zum Trotz dürfte es sich dabei um eine zweifellos spektakuläre Reflexion des Schrägdachs zwischen den sogenannten Heidentürmen des Stephansdoms handeln.

Geht man indes die Krapfenwaldgasse bergab, passiert man auf Nummer 4 das Lier-Haus, in dem Josef Weinheber lebte, und stößt bald wieder auf die Cobenzlstraße, die sich hier mit der Feilergasse kreuzt. In dieser befindet sich auch noch einer der urtümlicheren Heurigen Grinzings, nämlich der **9 Wiegel** (**19., Himmelstraße 20/Feilergasse, Tel. 01/320 57 10, März bis Nov. Do, Fr 16–24, Sa, So 15–24 Uhr**), der vor allem von seinem Stammpublikum sehr geschätzt wird.

Versteckt und urig: Wiegel

Die Cobenzlgasse weiter hinauf bemerkt man rechts und links noch zahlreiche Winzerhäuser, an denen zwar noch die Laternen montiert sind, die aber längst zu reinen Wohnhäusern umgewandelt wurden. Anders ist das bei **10 Martin Obermann** (**19., Cobenzlgasse 102, Tel. 01/328 43 41, www.weinbauobermann.at, während der Aussteckzeiten tägl. 16–23 Uhr**), der in einem der letzten Häuser der Cobenzlgasse vor Wienerwald und Höhenstraße und direkt unter den extrem steilen Weingärten des Steinbergs einen stimmungsvollen, gepflegten Heurigen mit nettem, nussbaumbeschatteten Garten betreibt, der nur achtmal im Jahr für je zehn Tage offen hat. Obermann – er ist hauptberuflich Weinbaurefe-

Am Steinberg: Martin Obermann

Einer der Topausblicke Wiens: Weingut Reisenberg

rent der Wiener Landwirtschaftskammer – experimentiert mit biologischem Anbau, seine Chardonnays, Weißburgunder und Rieslinge finden sich immer wieder auf Topplatzierungen.
Leider gibt es von hier keine legale Verbindung zum Reisenberg, weshalb man die Cobenzlgasse also wieder ein paar hundert Meter hinunter muss, um hier nach rechts in den Oberen Reisenbergweg einzubiegen. Der Weg ist schmal, mitunter von kleinen Mäuerchen eingefasst, man hat einen traumhaften Blick auf die Weingärten der Riede Point und die mitunter sehr prächtigen Villen an der Himmelstraße. Noch schöner wird's, wenn man dann noch in den Unteren Reisenbergweg einbiegt, der mitten durch die Weingärten führt und an Romantik nur schwer zu überbieten ist, allerdings führt dieser Weg nur zum Reisenbergbach und den daneben verlaufenden Paula-Wessely-Weg. Wir gehen also den Oberen Reisenbergweg weiter hinauf, was mitunter ein wenig beschwerlich werden kann, nach etwa 150 Metern aber mit dem ⓫ **Weingut Reisenberg** (**19., Oberer Reisenbergweg 15, Tel. 01/320 93 93, www.weingutamreisenberg.at**) sein Ziel findet: Es handelt sich hier nicht wirklich um ein Weingut, sondern vielmehr um den ehemaligen Kultheurigen Wagner Michl, der vor einigen Jahren zu Restaurant und Eventlocation umgewandelt wurde. Der Ausblick von hier ist absolut grandios, der frühere Keller wich einer Lounge mit Lederfauteuils und offenem Kamin im kalifornischen Stil, die Wirtsstube heißt nun „Locanda", die Terrasse wurde um eine Open-Air-Lounge in Weiß bereichert. Dass das für Alt-Grinzinger ein harter Schlag und Dorn im Auge gleichzeitig ist, kann man verstehen. Nach Jahren des unbekümmerten Ausschanks irgendwelcher Szeneweine lässt man seit einiger Zeit allerdings die Weingärten unterhalb des Anwesens wieder bewirtschaften, zu (recht gutem) Wein gemacht werden sie in einem niederösterreichischen Prestigeweingut.

Der Reisenbergweg führt noch weiter hinauf. Nach einiger Zeit hat man einen herrlichen Ausblick Richtung Norden zu Krapfenwaldl und Nußberg, nach Süden auf die Weingärten der Riede Oberer Reisenberg. Hier begann auch die Karriere zweier Quereinsteiger, die den Wiener und nicht zuletzt den Grinzinger Wein der vergangenen Jahre durchaus belebten: Peter Uhler, im Hauptberuf Violinist beim ORF-Symphonieorchester, bewirtschaftet hier etwa einen Hektar Weingärten, deren Trauben er in seinem Schrebergartenhaus am Gegenhang zu bemerkenswertem Wein keltert; und auch Jutta Ambrositsch, frühere Werbegrafikerin und leidenschaftliche Kleinwinzerin, begann hier ihre Weinkarriere, die ihr schon zahlreiche Topbewertungen, Platzierungen in den besten Restaurants des Landes und sogar eine bescheidene Exporttätigkeit einbrachten. Von hier zum Cobenzl ist der Obere Reisenbergweg wahrscheinlich einer der schönsten Weinspazierwege der Stadt, der Blick auf Wien ist atemberaubend, rechts und links befinden sich die großen Weingartenflächen des Weinguts Cobenzl, das Teil der städtischen Landwirtschaftsbetriebe ist und in den vergangenen Jahren von Betriebsleiter Thomas Podsednik kontinuierlich an die Wiener Spitze herangeführt wurde. Das ⓬ **Weingut Cobenzl** (19., Am Cobenzl 96, Tel. 01/320 58 05, www.weingutcobenzl.at) befindet sich unmittelbar hinter dem stark frequentierten Restaurant und Café Cobenzl, ein modern gestalteter Shop ermöglicht einen angenehmen Einkauf (Mo–Fr 8–12, Mo–Mi 14–17, Do 14–16 Uhr), gegen Voranmeldung kann man auch die modernen Kelleranlagen sowie die stimmungsvollen Fasskeller – das Weingut ist noch ein Restbestand der Wirtschaftsgebäude des vor 200 Jahren errichteten märchenhaften Schlosses von Graf Johann Philipp Cobenzl, das hier bis in die späten 1950er-Jahre stand – besichtigen. Im benachbarten ▶ Heurigen Waldgrill (Tel. 01/320 58 33, www.waldgrill-cobenzl.at, tägl. 11–23 Uhr) werden zwar Cobenzl-Weine ausgeschenkt, mit dem Weingut hat der Betrieb sonst aber wenig zu tun.

Weingut Cobenzl

Heiligenstadt und Nußdorf – Beispiele der Wiener Weinrenaissance

Ausgangspunkt: Nußdorfer Platz (S 40, Straßenbahn D)
Endpunkt: Grinzinger Straße 53 (Bus 38A)
Die Route: Nußdorfer Platz (❶ Feinkost Patzak) – Hackhofergasse (❷ Wine-World) – Greinergasse (❸ Klaus Windischbauer) – Kahlenberger Straße (❹ Kierlinger, ❺ Schübel-Auer) – Eroicagasse – Beethovengang (❻ Cech) – Eroicagasse – Pfarrplatz (❼ Mayer am Pfarrplatz, ❽ Pfarrwirt) – Nestelbachgasse – Grinzinger Straße (❾ Weingut Hajszan) – Pfarrplatz – Probusgasse (❿ Werner Welser) – Armbrustergasse (⓫ Zimmermann) – Grinzinger Straße (⓬ Wanderer, ⓭ figls, ⓮ Feuerwehr Wagner)

Unbedingt hingehen:
- ✶ Pfarrwirt
- ✶ Kierlinger
- ✶ Weingut Hajszan
- ✶ Feuerwehr Wagner
- ✶ Wanderer

Nußdorf und Heiligenstadt waren immer schon ein bisschen anders. Untereinander sowieso, anders aber vor allem als Grinzing. Die Straßen hier sind eng, alt und rumpelig, was die touristische Erschließung per Bus immer etwas komplizierter gestaltete. Außerdem hat Nußdorf eine prächtige Vergangenheit: als jener Ort, wo die reichsten Klöster und Stifte des Landes ihre prächtigen Freihöfe stehen hatten und wo außerdem mit dem sogenannten Urfahrrecht – dem Privileg der Donau-Übsetzun-

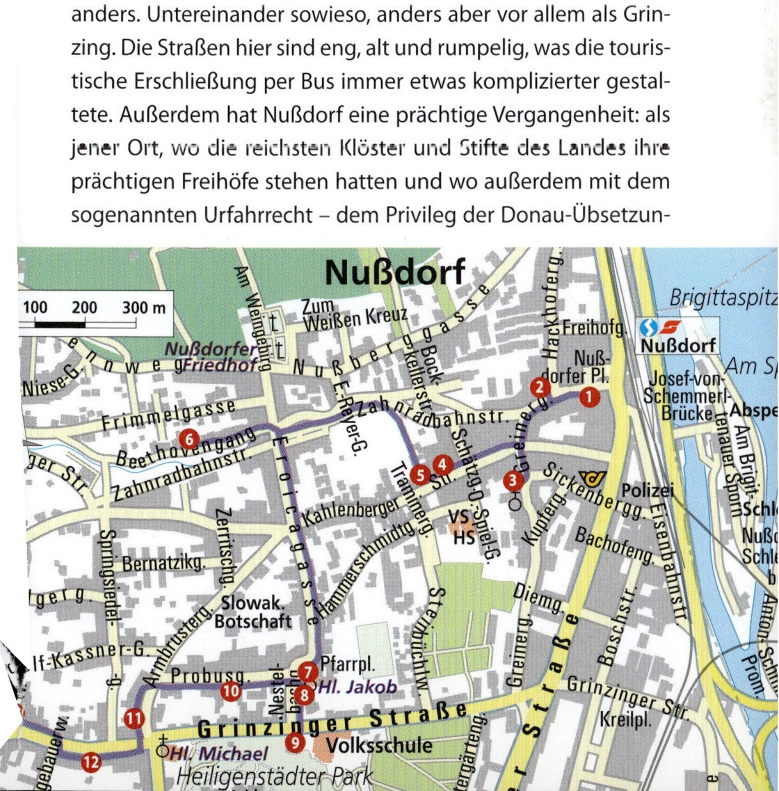

gen – und natürlich mit dem Hafen ordentlich Geld gemacht wurde. In Heiligenstadt kam Anfang des 19. Jahrhunderts dann auch noch die Entdeckung einer schwefelhältigen Quelle dazu, was dem lieblichen Ort rasch einen mondänen Badecharakter und entsprechende Etablissements bescherte. Soll heißen: Sowohl in Nußdorf als auch in Heiligenstadt fühlte man sich immer schon als etwas Besseres im Vergleich zu denen dort oben in Grinzing, und diese Arroganz blieb über die Jahrhunderte irgendwie immer ein bisschen bestehen.
Freilich ohne Grund, denn vom einstigen Glanz ist heute nur mehr wenig geblieben, die Pracht wich einer ruhigen, etwas morbiden und durchaus reizvollen Beschaulichkeit, an die man sich während der vergangenen fünfzig Jahre irgendwie gewöhnt hatte. Insofern war es fast ein Schock, als Heiligenstadt im Jahr 2007 mit zwei spektakulären Projekten auf einen Schlag wieder sehr deutlich auf die Wiener Weinlandkarte drängte.
Die eher kurze Tour führt von Nußdorf nach Heiligenstadt, vorbei an historischen Gemäuern, zu einigen der schönsten und besten Heurigen der Welt und zeigt Beispiele der Wiener Weinrenaissance.

Wir beginnen die Tour am Nußdorfer Platz, der vor der Donauregulierung in den 1870er-Jahren ein wesentlicher Umschlagplatz von Waren aller Art für Wien war. Die erste Station ist insofern eine Besonderheit, als sie quasi die letzte ihrer Art ist: Der auf den ersten Blick unspektakulär wirkende ❶ **Feinkosthandel Patzak** (19., Nußdorfer Platz 3, Tel. 01/370 11 78, Mi, Do 8–12.30, 15–20, Sa 8–20, So, Fei 11–20 Uhr) wurde nämlich 1932 als einer von zahllosen Geschäften für „Heurigen-Proviant" eröffnet: Das waren jene Läden, in denen man – als beim Heurigen eigentlich nur Wein und Wasser zu bekommen war und man für feste Verpflegung selbst zu sorgen hatte – Brot, Wurst, Käse und Konserven kaufen konnte, und zwar auch außerhalb der herkömmlichen Geschäftszeiten. Dieser Tradition blieb der überaus adrette Feinkostladen erfreulicherweise treu; neben jenen Dingen, die mittlerweile in allen besseren Heurigenvitrinen liegen, kann man hier aber auch frisch aufgeschnittenen Beinschinken, ein passables Sortiment an Käse und Pasteten und vor allem eine erkleckliche Anzahl an Weinen aus Österreich und Italien bekommen. Und auch, wenn man sein Essen

Proviant für die Weingartentour: Feinkost Patzak

heute längst nicht mehr selbst zum Heurigen mitbringen muss (erlaubt ist es rein theoretisch immer noch, es wird aber nicht mehr so gerne gesehen), für das Weingartenpicknick am Nußberg findet man hier so ziemlich alles, was man braucht.

Die nächste Station ist der Neudeckerhof, eines der ältesten Gebäude in Nußdorf, in das vor einigen Jahren ein Unternehmerzentrum einzog, das unter anderem den Weinvertrieb ❷ **Wine-World** (19., Hackhofergasse 1, Tel. 0676/417 15 55, www.wine-world.info) beherbergt. Die Betreiber Klaus Monsberger und Rudi Wrany, auch bekannt als DJ „Crazy Sonic", veranstalten hier mitunter Verkostungen und Winzerpräsentationen, die über sie gehandelten Weine kann man zu Ab-Hof-Preisen per Internet beziehen.

Über die Hackhofergasse, vorbei am früheren Freihof und dem Lehár-Schlössl, und die Eichelhofstraße könnte man hier den Aufstieg zum Nußberg starten. Wir halten uns aber an die Greinergasse, passieren die Zahnradbahnstraße, in der die Straßenbahnlinie D ihre Schleife macht und von wo aus bis in die 1930er-Jahre die dampfbetriebene Zahnradbahn über eine Trasse, die unter anderem im Unteren Schreiberweg und der Höhenstraße aufging, auf den Kahlenberg fuhr, und gelangen auf den kleinen Platz vor der St.-Thomas-Kirche. Dieses Plätzchen gilt als der Kern des mittelalterlichen Nußdorf, und hier befanden sich auch stets die renommiertesten Heurigen des Orts: der Mandahus zum Beispiel, der erst 2006 zusperrte, oder der Diem im Brunnerhof, Kahlenberger Straße 1, der während der vergangenen Jahre schon immer häufiger als Eventlocation fungierte und 2007 seinen Heurigenbetrieb überhaupt einstellte. Aber es gibt hier auch – wenngleich in kleinem Rahmen – neue Impulse. So begann zum Beispiel ❸ **Klaus Windischbauer** (19., Greinergasse 27, Tel. 01/318 05 31), hauptberuflich

Kahlenberger Straße

Bankmanager, vor ein paar Jahren mit der Pflege eines kleinen Weingartens am Nußberg. Seine Rieslinge und Weißburgunder presst, vinifiziert und füllt er in einem mittelalterlichen Gewölbekeller, der vor sehr langer Zeit einmal eine Krypta gewesen sein könnte (sieht zumindest so aus und befindet sich schräg unter der Pfarrkirche) eigenhändig zu blitzsauberen, fruchtigen Vertretern des neuen Wiener Weins.

Wieder zurück in die Kahlenberger Straße, die zum Großteil aus einem bemerkenswerten Ensemble von Winzerhäusern aus dem

Echter geht's nicht: Kierlinger

16. bis 18. Jahrhundert besteht, in der allerdings nur noch zwei Heurigen existieren – Kierlinger und Schübel-Auer –, die allerdings auch zu den schönsten in ganz Wien zählen. Zwei weitere Betriebe erwecken den Anschein eines Heurigen: Der Steinschaden auf Nr. 18 allerdings ist eine Filiale eines Langenloiser Weinguts und der Bamkraxler in einem früheren Heurigen spezialisierte sich schon vor über zehn Jahren auf Bier und Jazz. Der ❹ **Kierlinger** (**19., Kahlenberger Straße 20, Tel. 01/370 22 64, www.kierlinger.at, Mo–Sa 15.30–24, So 15.30–23 Uhr**) indes spezialisiert sich darauf, der Kierlinger zu sein, was eine gute Idee ist, denn der Kierlinger zählt immerhin zu den unbestrittenen Top drei der Wiener Heurigen. Das liegt einerseits daran, dass es hier noch ein bisschen so aussieht wie vor der Erfindung der elektrischen Beleuchtung: Die Wände des uralten Winzerhauses sind schief, die Tordurchfahrt ist niedrig, das Kopfsteinpflaster ist buckelig – *magic!* Dieser Eindruck der Zeit-

losigkeit setzt sich im Inneren fort, wo man es in der Schankstube eher schlicht und ein bisschen düster hält, im größeren Saal klassisch und unkitschig. Das Buffet enthält Dinge, die beim Heurigen einfach nicht fehlen dürfen, das hiesige Angebot zeichnet sich aber nicht nur durch erstklassige Qualität aus, sondern vor allem auch durch Verzicht auf Schnickschnack und Zugeständnisse an einen vermeintlichen Zeitgeist. Hier isst man authentisch, und wer den Liptauer nicht probiert, der ist sozusagen selber schuld. Martin Kierlingers Weine – allesamt aus den besten Lagen am Nußberg – zählen zwar keineswegs zu den eitlen Spitzengewächsen, die in Weinguides um hohe Punktebewertungen buhlen, sprechen aber eine deutliche und ehrliche Sprache, und in guten Jahren sind Riesling oder Weißburgunder ebenso sensationell wie der Garten. Und was den Kierlinger ebenfalls so besonders macht, ist sein heterogenes Publikum: Nicht nur Senioren, nicht nur Touristen, nicht nur Anrainer, sondern eine bunte Mischung, gut vermengt mit Fans der heurigenmäßigen Wahrhaftigkeit, die mitunter auch von weiter her zum Kierlinger anreisen.

Schübel-Auer

Gleich daneben liegt der **5** **Schübel-Auer** (19., Kahlenberger Straße 22, Tel. 01/370 22 22, www.schuebel-auer.at, Di–Sa 15.30–24 Uhr), der hinsichtlich seines Entrees durchaus mit dem Kierlinger mithalten kann, sich dann aber zu einem liebreizenden Gastgarten mit Kiesbelag und Kastanienbestand öffnet. Der Schübel-Auer in seiner heutigen Form, mit den Holzveranden und Veranstaltungssälen rund um den Gastgar-

Perfekte Schrammel-Kulisse: Schübel-Auer

ten, entstand 1948, seit 1975 finden hier regelmäßig Matineen statt, unter anderem mit den Philharmonia-Schrammeln. Der Schankwein – Grüner Veltliner, Riesling und Zweigelt – stammt aus eigenen Weingärten am Nußberg, ausgeschenkt werden allerdings auch zugekaufte Bouteillenweine und Bier, dieses aber zumindest von einer traditionsreichen Mühlviertler Kleinbrauerei. Das Interieur – durchwegs gutbürgerlich, aber keinesfalls übertrieben oder kitschig – lässt solche Stilbrüche verzeihlich erscheinen, der rotlackierte Holzboden und die Lamperie sorgen für Gutpunkte.

Wir verlassen den Schübel-Auer über den rückwärtigen Ausgang zur Zahnradbahnstraße und folgen dieser, die eigentlich ein schmales Weglein entlang des Schreiberbachs ist, nach links bis zur Eroicagasse. Hier überqueren wir den Schreiberbach und biegen in den sogenannten Beethovengang, der sich am anderen Ufer des Schreiberbachs entlangzieht. Auf Nr. 12 befindet sich ein größeres Haus, in dem die ❻ **Familie Cech** (19., Beethovengang 12, Tel. 01/958 21 28) seit vielen Jahren ein paar Wochen pro Jahr den Wein ihrer Weingärten vom Nußberg im Hof ausschenkt. Der Cech galt seit jeher als der kleinste und geheimste Heurige Nußdorfs, nach dem Tod von Gerfried Cech im Mai 2007 wird die Familientradition von Sohn Gerhard weitergeführt.

Entweder wieder über den Beethovengang zurück oder – nach Unterquerung einer früheren Zahnradbahnbrücke – über die Kahlenberger Straße gelangt man wieder zur Eroicagasse, der man bis zum Pfarrplatz folgt. Auch diese Gasse war dereinst mit Heurigen gut bestückt, der „Fröschl" auf Nr. 21 existierte immerhin noch bis in die 1990er-Jahre. Bald öffnet sich die enge Gasse zum beschaulichen Pfarrplatz, der drei wesentliche Bauwerke aufweist: das sogenannte Beethovenhaus, in dem sich der Heurige Mayer am Pfarrplatz befindet (Beethoven wohnte im Jahre 1817 eine Zeitlang hier und komponierte Teile der neunten Symphonie; in Nußdorf und Heiligenstadt existieren allerdings zahlreiche Häuser, in denen Beethoven für kürzere oder längere Zeit lebte), die romanische Jakobskirche, die im 12. Jahrhundert auf römischen Fundamenten gebaut wurde und als eine der ältesten Kirchen Wiens gilt, und das ehemalige Gasthaus Zur Schönen Aussicht, das seit Herbst 2007 den Namen Pfarrwirt trägt.

Der ❼ **Mayer am Pfarrplatz** (19., Pfarrplatz 2, Tel. 01/370 12 87, www.pfarrplatz.at, Mo–Sa 16–24, So, Fei 11–24) existiert an dieser Stelle seit 1683, die Familie Mayer war stets eine der renommiertesten und einflussreichsten in Sachen Wiener Wein, Franz Mayer brachte es in den 1970er-Jahren nicht nur zu einer Betriebsgröße von für damalige Verhältnisse von österreichischen Weingütern äußerst beeindruckenden dreißig Hektar, sondern auch zu wesentlichen politischen Funktionen wie zum Beispiel dem Wiener Landwirtschaftspräsidenten. Außerdem war Franz Mayer über Jahrzehnte hinweg die wesentliche Kraft, die sich für den Schutz und Erhalt der Wiener Weingärten und für die Hebung der Weinqualität in Wien einsetzte. Der Heurige Mayer am Pfarrplatz galt als erstes Haus am Platz und war jener Heurige, in den Staatsgäste geladen wurden. In den vergangenen Jahren fiel die Weinqualität – Mayer war jahrzehntelang der Einzige, der im Gemischten Satz Wiens Weinidentität erkannte und auch das Potenzial der Toplage Nußberg propagierte – ein wenig hinter die Spitze zurück, und auch der Mangel eines Nachfolgers sorgte für eine gewisse Stagnation.

Mayer am Pfarrplatz

Im Frühling 2006 übernahm schließlich Hans Schmid, Gründer einer der erfolgreichsten Werbeagenturen Österreichs, Verleger und Immobilienunternehmer, den gesamten Betrieb. Schmid hatte schon die Jahre zuvor ein kleines Weinprojekt namens „Rotes Haus" am Laufen – drei Hektar Weingarten rund um ein Häuschen am Nußberg, deren Trauben von Fritz Wieninger in

Pfarrwirt: Edelgasthaus, Topweinkarte, traumhafter Garten

Stammersdorf zu eindrucksvollen Weinen gemacht wurden –, sein starkes Engagement für den Wiener Wein kam dann aber doch recht überraschend: Durch Zukäufe vergrößerte er die Weingartenfläche des Betriebs in nur einem Jahr von knapp zwanzig auf über 35 Hektar, für 2008 ist der Umbau des Kellers und des Heurigen vorgesehen, die Vermarktungsmaschinerie läuft auf Hochtouren. Die Weine – von Kellermeisterin Barbara Wimmer unter der Leitung von Betriebsleiter Willi Balanjuk hergestellt – brillieren mit Frucht, Ausdruck und Terroir, innerhalb nur sehr kurzer Zeit erlangte die Marke Mayer am Pfarrplatz wieder sein einstmaliges Standing unter Döblings Weingütern. Damit aber noch nicht genug, pachtete Hans Schmid auch noch das frühere Gasthaus Zur Schönen Aussicht, investierte Unsummen in die Renovierung, engagierte für die Küche seines **8 Pfarrwirt** (19., Pfarrplatz 5, Tel. 01/370 73 73, Di 18–24, Mi–Sa 11–24, So 10–24 Uhr) mit Alexander Mayer einen der besten Jungköche Wiens und ließ sich von Willi Balanjuk eine Weinkarte erstellen, wie sie in Österreich nicht allzu viele Restaurants besitzen. Das Ergebnis dieser Bemühungen ist eine äußerst geglückte Mischung aus Wirtshaus und Toprestaurant, der sogenannte Prälatensaal zählt wahrscheinlich zu den schönsten Räumen, in denen man in Österreich essen kann, die Gästefrequenz des Pfarrwirts war schon innerhalb der ersten Monate äußerst beeindruckend.

Und das, obwohl quasi zeitgleich und in unmittelbarer Nachbarschaft ein weiteres, extrem ambitioniertes Neoweinprojekt startete: Stefan Hajszan, Betreiber des Bierlokals Universitätsbräu am Campus im alten AKH, hatte nämlich 2003 begonnen, zuerst hobbymäßig, dann bald immer ernsthafter, Wiener Wein zu keltern. Nach nur drei Jahren bewirtschaftete er knapp 14 Hektar in

Grinzing, Neustift und am Nußberg, was die ursprüngliche Lösung, die Weine in einem Keller in der Wachau auszubauen, bald unmöglich machte. Weshalb Hajszan eine ehemalige Sektkellerei, die einer der letzten Überreste des weitläufigen Heiligenstädter Badehauses aus dem frühen 19. Jahrhundert war und in den letzten Jahren als Jugendzentrum genutzt wurde, innerhalb von nur einem halben Jahr in ein modernes Schauweingut mit Restaurant umwandelte. Das Besondere am ❾ **Weingut Hajszan** (19., Grinzinger Straße 86, Tel. 01/370 72 37, www.hajszan.com, Di–Sa 16–24, So 10–17 Uhr): Der Quereinsteiger bewirtschaftet seine Weingärten nach biodynamischen Richtlinien, eine hochmoderne Kellertechnik sorgt dafür, den Ausdruck und die Sortentypizität von Grünem Veltliner, Riesling, Chardonnay und Gemischtem Satz sowie einer roten Cuvée namens Quadriga deutlich herauszuarbeiten. Das Weingutsrestaurant hat es neben dem Pfarrwirt natürlich nicht unbedingt leicht, kann aber mit einem weitläufigen Garten, grundsolider Küche, einem eher ins Kreative spielenden Wein-Menü und einer Weinkarte punkten, auf der sich ausschließlich die besten Vertreter der Neuen Wiener Weingeneration finden.

Weingut Hajszan: Restaurant mit Kellereinblick

Der Weg führt uns zurück auf den Pfarrplatz und von hier in die Probusgasse: Die früher Herrengasse genannte Hauptstraße Heiligenstadts wurde 1894 nach jenem römischen Kaiser umbenannt, der Weinbau auch außerhalb des römischen Kernlandes erlaubte und anordnete. Wie man sich denken kann – und den Häusern dieser Gasse auch noch ansieht – reihte sich hier bis in die 1960er-Jahre ein Heuriger an den anderen, nach der endgültigen Schließung des Heurigen Muth – eine der ältesten Weinbaufamilien Wiens – zu Beginn des Jahres 2008 blieb nur mehr ein Betrieb übrig, und zwar der ❿ **Heurige Werner Welser** (19., Probusg. 12, Tel. 01/318 97 97, www.werner-welser.at, tägl. 15.30–24 Uhr). Der Heurige verfügt über einen hübschen Laubengarten mit Steinboden, das Interieur strahlt eine gewisse Gutbürgerlichkeit mit

Tendenz zum Nobelheurigen aus. Das Buffet ist reichhaltig und bietet die üblichen Standards, beim Wein versucht sich Ing. Werner Welser – neben Riesling und Veltliner – nicht zuletzt auch in internationalen Kategorien wie zum Beispiel Sauvignon blanc und Cabernet Sauvignon.

Heuriger Werner Welser

Wir folgen der Probusgasse bis zur Armbrustergasse, wenden uns nach links und treffen bald auf den ⓫ **Zimmermann** (19., Armbrusterg. 5, Tel. 01/370 22 11, www.zimmermanns.at, Mo–Sa 17–1, So, Fei 16–1 Uhr). So sehr dieser wunderschöne und fast schon ein wenig übertrieben lieblich gepflegte Heurige auch sein mag, er ist keiner: Der Zimmermann ist eine Eventlocation mit heurigenähnlichem Nebenbetrieb, die hier ausgeschenkten Weine stammen aus ganz Österreich und der ganzen Welt, der Schankwein zumindest stammt aus Klosterneuburg. Ein paar Schritte weiter kommt man wieder auf die Grinzinger Straße, in die man nach rechts einbiegt und bald bei der ⓬ **Buschenschank Wanderer** (19., Grinzinger Straße 66, Tel. 01/370 33 50) angelangt ist. Bei diesem Heurigen handelt es sich um ein besonderes Juwel, das hoffentlich trotz des Alters seiner Betreiber noch lange existieren wird: Das Gebäude ist grau und düster, das Mauerwerk teilweise bizarr geformt, ein kleiner Weinkeller ist dem Vernehmen nach schon 700 Jahre alt, der Garten zieht sich steil und schattig den Hang zur Hohen Warte hinauf. Der Wanderer, früher unter dem Namen Kürassier-Hengl bekannt, ist jedenfalls ein prächtiger Heuriger, das Büffet wird von Frau Wanderer persönlich und ungeheuer liebevoll betreut, der Saal hat einen ganz speziellen Reiz fernab jeder künstlichen Lieblichkeit.

Zimmermann

Sehr echt: Wanderer

Schräg gegenüber befindet sich das ⓭ **figls** (19., Grinzinger Straße 55, Tel. 01/320 42 57, www.figls.at, tägl. 11.30–24 Uhr) der Familie Figlmüller, die, bekannt als Schnitzeldynastie aus der Innenstadt, hier 1971 auch einen Heurigen eröffnete. 2004 übernahmen die Figlmüller-Söhne Hans und Thomas den Betrieb und gestalteten ihn zu einem Bierlokal um, das freilich nicht zu den schlechtesten in Wien zählt. Außerdem werden sie ihrer Tradition insofern gerecht, als die Weinkarte ausschließlich von Wiener Weinen – 24 absolute Topqualitäten – bestritten wird, sechs Wiener Weine gibt's auch glasweise zu trinken.

Bierlokal mit Wiener Weinkarte: figls

Unmittelbar daneben schließlich die letzte Station der Tour: der ⓮ **Heurige Feuerwehr Wagner** (19., Grinzinger Straße 53, Tel. 01/320 24 42, www.feuerwehrwagner.at, tägl. 16–24 Uhr). In der warmen Jahreszeit bietet dieser Renommierbetrieb einen absolut prächtigen Arkadenhof und einen ebenfalls recht adretten Garten. Das Innere dieses 1972 ziemlich drastisch renovierten und erweiterten Heurigen vermag indes weniger zu überzeugen, nicht zuletzt deshalb, weil zahlreiche historische Fotos aus der Jahrhundertwende zeigen, wie wunderschön die Räume dieses Heurigen früher einmal waren, wo jetzt Dunkelholznoblesse vorherrscht. Das Buffet übertrifft das übliche Nobelheurigenniveau hinsichtlich der Quantität, die Weine sind brav.

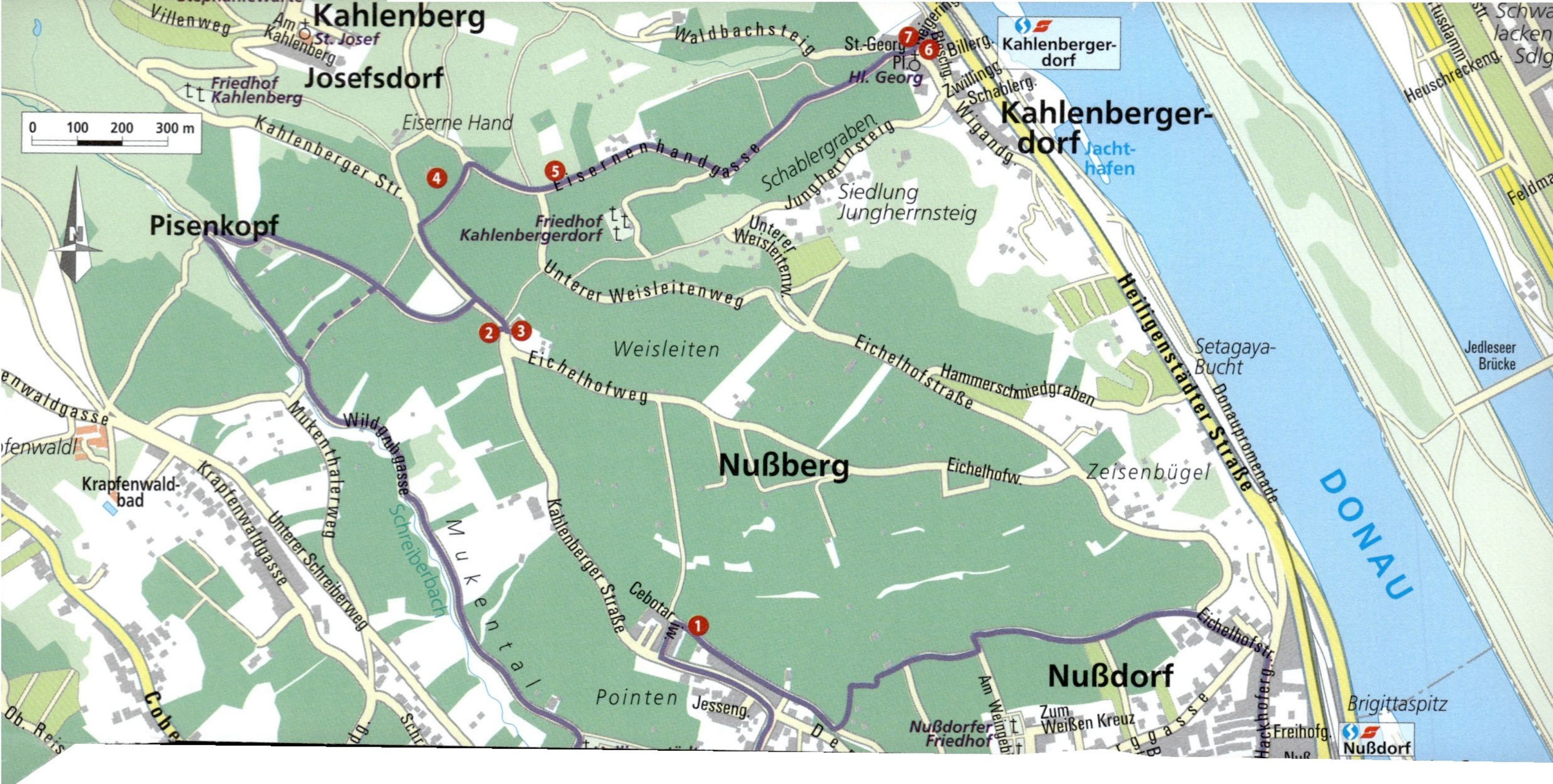

Kahlenberg
Josefsdorf
Am St. Josef Kahlenberg
Friedhof Kahlenberg
Villenweg
0 100 200 300 m
Kahlenberger Str.
Eiserne Hand
Pisenkopf
Waldbachsteig
St.-Georg-Pl.
Hl. Georg
Kahlenberger-dorf
Kahlenberger-dorf
Jacht-hafen
Billerg.
Bloschg.
Zwillingg.
Schablerg.
Wigandg.
Eisernenhandgasse
Schablergraben
Jungherrnsteig
Siedlung Jungherrnsteig
Friedhof Kahlenbergerdorf
Unterer Weisleitenw.
Unterer Weisleitenweg
Weisleiten
Eichelhofweg
Eichelhofstraße
Hammerschmiedgraben
Heiligenstädter Straße
Donaupromenade
Setagaya-Bucht
Jedleseer Brücke
Heuschreckeng.
DONAU
Nußberg
Eichelhofw.
Zeisenbügel
Wildgrubgasse
Mukenthalerweg
Schreiberbach
Mukental
Krapfenwaldgasse
Unterer Schreiberweg
Krapfenwald-bad
Kahlenberger Straße
Cebotariw.
Pointen
Jesseng.
Nußdorf
Am Weingebirge
Zum Weißen Kreuz
Nußdorfer Friedhof
Eichelhofstr.
Hackhoferg.
Freihofg.
Brigittaspitz
Nußdorf

Der Nußberg – Ein Kraftort für Wein

Ausgangspunkt: Nußdorfer Platz (S 40, Straßenbahn D)
Endpunkt: Kahlenbergerdorf (S 40, Bus 238, 239, 240)
Die Route: Nußdorfer Platz – Hackhofergasse – Eichelhofstraße – Nußberg (❶ Wagner im Preysl) – Cebotariweg – Kahlenberger Straße – Wildgrubgasse – Pisenkopf – Mitterberge – Kahlenberger Straße (❷ Zu den 4 Winzern, ❸ Sirbu, ❹ Wailand) – „Schimankoweg" – Eisernenhandgasse (❺ Hirt) – Geigeringasse (❻ Schimanko's Winzerhaus) – Bloschgasse (❼ Taschler).

Unbedingt hingehen:
- * Nußberg
- * Sirbu
- * Wagner im Preysl
- * Hirt
- * Zu den 4 Winzern

Diese Route ist eigentlich weniger ein Citywalk als vielmehr ein klassischer Wandertag. Das heißt, man geht hier ganz schöne Strecken, und zwar bergauf und bergab und mitunter auch ein bisschen durchs Gelände, die Anzahl der Labestationen hält sich in Grenzen und die Erschließung mit öffentlichen Verkehrsmitteln ist quasi nicht vorhanden. Festes und bequemes Schuhwerk sowie wetterfeste Ausstattung sind für diesen Spaziergang somit sicher kein Nachteil, ein wenig Verpflegung mit dabeizuhaben kann – zumindest für den Härten der Natur entfremdete Stadtbewohner – hier durchaus positive Effekte zeitigen.
Natürlich kann man diese Wanderung über den Nußberg auch stückeln beziehungsweise abkürzen, der Improvisation steht da nichts im Wege. Außer vielleicht, dass es Winzer natürlich nicht allzu gerne sehen, wenn man durch ihre Weingärten marschiert und beim Unterqueren der Rebzeilen junge Triebe abbricht, Weinranken als malerisches, floristisches Souvenir kappt oder gar Trauben abreißt. Die vorgezeigte Route bewegt sich jedenfalls nur auf festen Wegen, aus Respekt gegenüber der Arbeit der Wiener Winzer sollte man diese so selten wie möglich verlassen, zumindest aber die Weingärten möglichst nicht beschädigen oder verschmutzen.

Der Nußberg ist ein klassischer Fall dieser weinmäßigen Kraftorte: Man sieht ihm ganz einfach an, dass hier großartige Weine

gedeihen. Und hier von Großartigkeit zu sprechen, ist keineswegs empathische Übertreibung eines Infizierten, sondern fußt auf der Tatsache, dass der Nußberger Wein über Jahrhunderte hinweg zu den besten Weinen Europas zählte und um teure Summen gehandelt wurde. Nach jahrzehntelanger Bedeutungsbaisse als Heurigenschankwein wurde man erstmals wieder auf dessen Potenzial aufmerksam, als Fritz Wieninger im Jahr 2004 mit seinem Riesling vom Nußberg des Jahrgangs 2002 eine internationale Vergleichskost gewann, deren Jury aus den besten Sommeliers und den versiertesten Weinjournalisten der Welt bestand und bei der die renommiertesten Rieslinge Österreichs, Deutschlands und Frankreichs blind verkostet wurden.
Seitdem geht's ziemlich steil bergauf mit den Weinen vom Nußberg, qualitativ, preislich und imagemäßig; Einzellagen werden unter Kennern wieder vollmundig gelobt; Klima, Geologie und Exposition – vulgo „Terroir" – wieder als extrem vorteilhaft erkannt; Brachen wieder bewirtschaftet. Der sehr junge Boom des Wiener Weins hat hier seinen Ursprung und seinen Fokus. Von den knapp 150 Hektar Weingärten am Nußberg zählen fast alle zur Topkategorie.

Wir beginnen die Route wieder am Nußdorfer Platz, der mit öffentlichen Verkehrsmitteln leicht erreicht werden kann und wo man sich – siehe Tour „Heiligenstadt und Nußdorf", S. 98 – beim früheren Heurigenproviant-Spezialisten ▶ Patzak (19., Nußdorfer Platz 3, Tel. 01/370 11 78, Mi, Do 8–12.30, 15–20, Sa 8–20, So, Fei 11–20 Uhr) mit guten Dingen für unterwegs versorgen kann. Der Weg folgt der Hackhofergasse, vorbei an den prächtigen, ehemaligen Freihöfen, in denen hier von Klöstern und Adeligen steuerbefreit Wein gekeltert und auch ausgeschenkt wurde, an Resten der Nußdorfer Brauerei in der Freihofgasse, die hier 1819 von Franz Xaver Bosch in einem ehemaligen Jesuitenkollegium gegründet wurde und zu seiner Zeit eine der spektakulärsten Vergnügungsstätten Wiens gewesen sein dürfte, und vorbei natürlich auch an jeder Menge ehemaliger und längst geschlossener Heurigen und Spielstätten wie die legendäre Spitzbuben-Pawlatschen, wo in den 1960er- und 1970er-Jahren der ganz spezielle Schenkelklopfhumor eine Hochblüte erlebte. Zum Schluss versuchte der Besitzer und Betreiber der Pawlatschen, die Firma Almdudler, das Lokal noch für sehr kurze Zeit

als Kreativrestaurant zu führen, mittlerweile werden hier aber schon Einfamilienhäuser gebaut.
Wir biegen in die Eichelhofstraße ein und folgen dieser bis zu einer scharfen Rechtskurve. Hier sieht man beeindruckende Stütz- und Befestigungsbauten, die allerdings keinen militärischen Zweck hatten und haben, sondern die angrenzende Nußberg-Terrasse abstützen. Unser Weg führt uns allerdings geradeaus, über einen steilen Kopfsteinpflasterweg, mitten auf den Nußberg. Dieser Weg zählt zu den schönsten Weingarten-Spaziergängen der Stadt und wird vor allem am Wochenende von entsprechend vielen Menschen benutzt. Der Weg (er hat keinen offiziellen Namen) trennt die beiden Bereiche Untere Schos und Mittlere Schos, einst von der Brandung des Urmeeres geformt und von den Finanzbeamten des Mittelalters „fruchtbar" gemacht: Für Weingärten der windgeschützten, tiefgründigen und fruchtbareren Unteren Schos musste mehr Zins gezahlt werden als für die Mittlere und Obere Schos. Nach heutigem Dafürhalten gilt die Mittlere Schos allerdings als der beste Bereich am ganzen Nußberg; rechts vom Weg reihen sich die Toplagen Ulm (Fritz Wieningers Gemischter Satz „Nußberg Alte Reben" kommt von hier), Gollin und Rosengartel aneinander. Von der Gollin, so meint zumindest der Baumeister im Ruhestand und seit einigen Jahren ambitionierter Rieslingwinzer Manfred Felix, sei der Lieblingswein Kaiser Franz Josephs gekommen. Die winzige Lage Rosengartel – ein nur 1,7 Hektar großes Stück unmittelbar vor der Linksschikane, die der Weg dort macht – teilen sich derzeit sechs Winzer (Kierlinger, Wieninger, Felix, Ambrositsch, Zawodsky, Zahel); sie genoss schon im Mittelalter einen außerordentlich guten Ruf und würde nach französischer Qualifizierung wohl den „Grand Cru"-Status besitzen.

Riede Pisenkopf im Herbst

Wir folgen dem Weg quer durch den Weinberg immer weiter, passieren zwei kleine, beieinanderstehende Häuschen, durchschreiten eine schmale Kleingartenpassage und befinden uns nun in der wohl berühmtesten Subriede des Nußbergs, der sogenannten „Preussen". Die übrigens nicht aus Dank an deutsche Entsatztruppen bei der Belagerung Wiens durch die Türken im Jahre 1683 so genannt wurde (die kamen noch dazu nicht aus Preußen, sondern aus Bayern, Sachsen, Franken, Schwaben, Hessen und Polen), sondern höchstwahrscheinlich nach dem königlichen Rat Heinrich Preussel, der von 1277 bis 1288 das Urfahrrecht in Nußdorf innehatte und außerdem zahlreiche Weingärten am Nußberg besaß. Mit 14 Hektar Fläche ist die Preussen auch eine der größten Rieden am Nußberg, der kalkreiche Boden, die zahlreichen mineralischen Einlagerungen im Unterboden und die satte Lehmabdeckung geben den Preussen-Weinen ihre besondere Fülle, mineralisches Feuer und ausgeprägte Frucht.

Recht bald biegt der Weg nach links ab und mündet in einen Weg, der parallel zum befahrbaren Dennweg den Weinberg entlangführt. Diesem Weg folgen wir nach rechts – mitunter geht's recht steil bergauf – und kommen schließlich nach etwa 250 Metern zu einem kleinen, gemauerten Steinhäuschen unter einem Baum, in dem der Quereinsteiger ❶ **Wolfgang Wagner (19., Nußberg/Cebotariweg, Tel. 0664/510 38 13)** an Wochenenden von Mai bis Oktober seine selbstgekelterten und tatsächlich großartigen Weine anbietet – und dazu immer ein paar ziemlich wunderbare Köstlichkeiten aus hauseigener Produktion. Dass nicht mehr der existierenden Winzerhäuschen in Wiens Weingärten so genutzt werden, ist kaum nachzuvollziehen: Wolfgang Wagner jedenfalls besitzt Geheimtippcharakter, und selten sieht man Gäste so fröhlich wie hier.

Rieden Pisenkopf und Muckental

Der Weg mündet nun in den Cebotariweg, in den wir nach links einbiegen, auf die Kahlenberger Straße gelangen und dieser bergab bis zur Wildgrubgasse folgen. In diese biegen wir nach rechts ein, passieren den Heiligenstädter Friedhof, danach eine

Open-Air-Ausschank bei den „4 Winzern" am Nußberg

auffällige, moderne Villa, die vor wenigen Jahren an der Stelle des vielleicht idyllischsten Heurigen der Welt, dem Lier, von einem Schönheitschirurgen errichtet wurde. Wie es im Landschaftsschutzgebiet zu dieser Bewilligung kommen konnte, ist unklar und war Thema zahlreicher Anfragen und Debatten auf Bezirks- und Landesebene. Was am Ergebnis, dass es den Lier nicht mehr gibt und diesen Palazzo schon, dessen Bewohner der ursprünglichen Verpflichtung, hier weiterhin eine Buschenschank zu betreiben, eher nur symbolisch nachkommen, natürlich nichts ändert. Aber es gibt Hofnung: Gleich daneben baute Andreas Wagner bei Redaktionsschluss gerade einen neuen, kleinen und sehr stimmungsvollen Heurigen, der ab September 2008 in Betrieb sein soll.

Weiter entlang der Wildgrubgasse durch das sogenannte Mukental, rechts erheben sich Wiens steilste Weingärten der Lage „Plagen", die wahrlich nicht umsonst so heißt und die heute, aufgrund der Absturzgefahr für herkömmliche Traktoren, kaum noch bewirtschaftet wird. Bald wird der Hang flacher, die Weingärten heißen hier „Untere Mitterberge" (rechts) und „Pisenkopf" (links), bald biegt nach rechts ein Treppenweg ab, den man als Abkürzung nehmen kann, man folgt dem Weg weiter entlang des Schreiberbachs durch das Mukental, bis in einem kleinen Wäldchen der Weg nach links abbiegt und wieder quer durch die Weingärten (rechts „Obere Mitterberge", links „Untere Mitterberge") am Hang des Kahlenbergs entlangführt. Man passiert ein gelbes Biedermeierhaus, das aufgrund seiner berückend romantischen Lage inmitten der Weingärten sicher schon ein paar Millionen Mal fotografiert wurde, im Vordergrund die Weinstöcke, im Hintergrund die Stadt, das ist schon sehr schön. Bald einmal mündet auch dieser schöne und namenlose Weg in die Kahlenberger Straße, und genau hier haben vier Weingüter aus

Heiligenstadt – Mayer am Pfarrplatz, Feuerwehr-Wagner, Welser und Muth – eine Art dauerhaftes Ausschankprovisorium namens ❷ **Zu den 4 Winzern** (19., Kahlenberger Straße ganz oben, Tel. 0664/551 01 04, So, Fei mittags bis abends) eingerichtet. Ausgeschenkt wird in einem Wohnwagen, Brote werden auf Heurigenbankerln open air geschmiert, wenn's bitter kalt ist, werden Feuer entzündet. In seiner Purheit ist das eigentlich genauso, wie Heurige ja ursprünglich gemeint waren, wovon sich die vier Betreiber aber natürlich schon sehr weit entfernt haben.

Schräg gegenüber befindet sich der ❸ **Sirbu** (19., Kahlenberger Straße 210, Tel. 01/320 59 28, April bis Okt. Mo–Sa 15–24 Uhr), der gemeinhin als der Heurige mit der besten Aussicht in Wien gilt. Tatsächlich ist die Terrasse mit Blick über die Weingärten und Donau ein absoluter Hammer, wurde aus Gründen der Wetterbeständigkeit aber leider zum Teil in einen Wintergarten umgewandelt. Die Sirbu-Weine kommen aus der unmittelbaren Umgebung des Heurigen und sind okay, beim Buffet bemüht man sich schon seit vielen Jahren um Alternativprogramme wie zum Beispiel ein größeres Käsesortiment.

Eisernenhandgasse

Sirbu am Nußberg

Wir folgen der Kahlenberger Straße weiter bergauf und haben nun die Möglichkeit, entweder noch ein paar hundert Meter zum sogenannten Kamaldulenserfriedhof zu gelangen, der zwar nichts mit Wein zu tun hat, aber der wohl schönste und romantischste, auf jeden Fall aber höchstgelegene Friedhof Wiens ist (hier liegt unter anderen die zu Zeiten des Wiener Kongresses schönste Frau Wiens, Karoline Traunwieser; Prälat Leopold Ungar, der le-

Heuriger Hirt, Innenansicht

gendäre und charismatische Leiter der Erzdiözese Wien und der Caritas, war 1992 der Letzte, der hier begraben wurde). Oder man biegt von der Kahlenberger Straße nach rechts in einen Verbindungsweg ab, dessen Benennung in „Schimankoweg" zu Redaktionsschluss dieses Buches zumindest zur Debatte stand (Heinz Werner Schimanko, allseits bekannter Wiener Nachtclubkönig, hatte das Gasthaus Zur Eisernen Hand am Kahlenberg gekauft und zu einer Wohnfestung umgestaltet, er verstarb 2005). Von hier sieht man das eindrucksvolle, moderne Kellergebäude von ❹ **Georg Wailand** (19., Kahlenberger Straße/Eisernenhandgasse, Tel. 01/370 13 65), Wirtschaftsredakteur der *Kronen Zeitung* und Herausgeber eines Wirtschaftsmagazins, der hier etwa drei Hektar Weingärten besitzt und auch Sekt herstellen lässt.

Über die Eisernenhandgasse geht es sehr schön und sehr steil bergab. Rechter Hand finden wir mitten in den Weingärten wieder einen winzigen und bezaubernden Friedhof, diesmal jener des Kahlenbergerdorfes, linker Hand sieht man das in den 1980er-Jahren leider aufgelassene Wirtshaus Weberhütte, das seinerzeit an Romantik, und was den Ausblick betraf, kaum zu überbieten war. Immerhin liegt gleich darunter der ❺ **Heurige Hirt** (19., Eisernenhandgasse 165, Tel. 01/318 96 41, www.zurschildkrot.at, April bis Okt. Mi–Fr ab 15, Sa, So ab 12, Nov. bis März Fr, Sa, So ab 12 Uhr), der quasi dieselbe Aussicht bietet, wenngleich ein vielleicht etwas weniger romantisches Ambiente: Beim Hirt handelt es sich mehr oder weniger um eine finstere Schutzhütte, die mit einer ziemlich großen Terrasse ausgestattet wurde, von der man ziemlich fein auf den Leopoldsberg, die Donau und das Kahlenbergerdorf sehen kann. Die Weine, die man hier bekommt, stammen nur zum allergeringsten Teil aus hiesigen Rieden: Das eigentliche Weingut liegt am Bisamberg, auf der anderen Seit der Donau, wo der Pächter Helmut Klapf auch einen ähnlich gearteten Heurigen namens „Zur Schildkrot" betreibt.

Einst reich, jetzt melancholisch: Kahlenbergerdorf

Rechts und links der hier wirklich sehr steilen Eisernenhandgasse befinden sich die Rieden mit den klingenden Namen „Wiegen", „Gebhardin", „Vorseherinnen", „Zweringer", „Scheibling", „Kuchelviertel" und „Jungherrn", sie alle – wie überhaupt sämtliche 24 Hektar Weingärten des Kahlenbergerdorfes – gehören dem Stift Klosterneuburg, das die Trauben in seinem riesigen Weingut unter der Leitung des jungen Kellermeisters Christian Schmidt vinifiziert. Die Tour nähert sich nunmehr dem Kahlenbergerdorf und damit ihrem Ende. Dem Dorf ist kaum anzusehen, dass es Teil des Wiener Stadtgebietes ist; seine alten und mitunter prächtigen Winzerhäuser und Höfe erinnern eher an die Wachau. Ebenso wenig kann man dem Kahlenbergerdorf aber ansehen, dass hier einst ein reger Handel blühte, Industrie existierte, Bergbau betrieben wurde, genereller Wohlstand herrschte und natürlich die Heurigenkultur blühte. Das Dorf wirkt heute fast schon verlassen,

Heurigen-Restaurant Schimanko's Winzerhaus

Buschenschank Taschler: Wein und Lieder

es herrscht eine seltsam morbide Stimmung, die prächtigsten Häuser verfallen zusehends, die Schönheit der Pfarrkirche geht fast unter.

Ganze vier Schankbetriebe gibt es heute noch im Kahlenbergerdorf, wovon aber nur ein einziger Wein aus eigenem Wiener Anbau anzubieten vermag, alle anderen rangieren auf dem Status von Heurigen-Restaurants, wie zum Beispiel ❻ **Schimanko's Winzerhaus** (19., Bloschgasse 7, Tel. 0676/662 25 09, tägl. 12–23 Uhr) im ehemaligen Wettig-Heurigen, in dem zu regulärer Gasthausküche zugekaufte Weine aus Niederösterreich ausgeschenkt werden. Weshalb wir unsere Aufmerksamkeit dem einzigen wirklichen Heurigen des Orts widmen: ❼ **Manfred Taschler** (19., Geigeringasse 9, Tel. 0664/447 13 96, Mo, Do–Sa 15–24, So, Fei 10–24 Uhr) war früher in der Datenverarbeitung der Post tätig, bis er vor einigen Jahren seine Berufung als Winzer entdeckte. Er bewirtschaftet Weingärten an den exotischsten Flecken im gesamten 19. Bezirk, seine selbstgekelterten Weine sind erdig und gewissermaßen auch ehrlich. Die Besonderheit dieser nicht über alle Maßen hübschen, eher sehr schlichten, fast kargen Buschenschank sind die regelmäßigen Wienerlied-Abende, in denen definitiv anderes geboten wird als touristisches Duliöh, zum Beispiel die Sieveringer Langsamsinger. Zu essen gibt es auch ein bisschen was: Hirschsalami, Gselchtes, Rohschinken, wobei das aber, wie man erfährt, nur garnierenden Effekt hat und nie im Vordergrund stehen soll.

Stammersdorf, Strebersdorf, Großjedlersdorf – Weinviertel pur

Ausgangspunkt: Strebersdorf, Edmund-Hawranek-Platz (Straßenbahn 26)
Endpunkt: Großjedlersdorf, Brünner Straße/Siemensstraße (Straßenbahn 31, 33)
Die Route: Rußbergstraße – Strebersdorfer Straße (❶ Eckert) – Rußbergstraße – Anton-Böck-Gasse – Langenzersdorfer Straße (❷ Strauch, ❸ Schilling) – Fillenbaumgasse – Donhofergasse – Kellergasse (❹ Petritsch) – Am Bisamberg – Krottenhofgasse (❺ Nichtraucherheuriger Deutinger) – Bründelgasse – Untere Jungenberggasse (❻ Szüts) – Senderstraße (❼ Zur Schildkrot, ❽ Zur Mittelstation) – Stammersdorfer Kellergasse (❾ Göbel, ❿ Petershof) – Breitenweg – Neusatzgasse – Liebleitnergasse – Stammersdorfer Straße (⓫ Klager, ⓬ Winzerhof Leopold, ⓭ Wieninger, ⓮ Haus Schmidt) – Herrenholzgasse (⓯ Reinbacher) – Stammersdorfer Straße – Bahnhofplatz (Linie 31) – Brünner Straße – Wannemachergasse – Baumergasse – Jedlersdorfer Platz (⓰ K & K Fuchs) – Amtsstraße (⓱ Lentner, ⓲ Bernreiter, ⓳ Christ) – Frauenstiftgasse/Siemensstraße

Unbedingt hingehen:
- ✶ Wieninger
- ✶ Göbel
- ✶ Christ
- ✶ Krottenhofgasse
- ✶ Reinbacher

Das Faszinierende an Wien als Weinbaugebiet ist ja, dass bei gerade einmal 700 Hektar – für den Weinbau einer Großstadt beachtlich, im direkten Vergleich etwa mit dem Weinviertel (16.650 Hektar) aber nachgerade mikroskopisch klein – so unglaublich verschiedene Stimmungen, Atmosphären, Typizitäten, „Terroirs" existieren: Die Ortskerne und Weinberge Grinzings, Heiligenstadts, Neustifts und Nußdorfs erinnern ein bisschen an das Krems- und Kamptal, Kahlenbergerdorf ist Wiens Antwort auf die Wachau, Mauer kann man sowohl atmosphärisch als auch von seinen Weinen her als Vorposten Gumpoldskirchens sehen, Oberlaa erinnert mehr an die Weindörfer der Region Carnuntum – und Stammersdorf, Strebersdorf, vor allem aber Jedlersdorf sind Weinviertel pur, weinviertlerischer als viele Orte im Weinviertel selbst.

Die den drei Weinorten gemeinsame Großlage ist der Bisamberg. Dieser 358 Meter hohe Hügel, bekannt vor allem durch die darauf befindliche Sendeanlage, ist sozusagen der nordöstlichste Ausläufer der Voralpen, der durch Donauerosion aber von den Nachbarhügeln Leopolds- und Kahlenberg abgetrennt wurde und sich in den folgenden Jahrtausenden doch recht eigenständig entwickelte: Das Klima ist hier grundlegend trockener, die Wasserversorgung dabei aber gleichmäßiger als etwa am Nußberg; die Hänge sind sanfter, vor allem zeichnet sich der Bisamberg aber durch seine meterdicke Lößauflage aus, die nicht nur eine sehr spezielle Weinkellerarchitektur ermöglichte, sondern auch den Charakter der hier gekelterten Weine bestimmt: Die Grünen Veltliner, Rieslinge, vor allem aber Weißburgunder, Chardonnays und Rotweine neigen hier zu einer fetten,

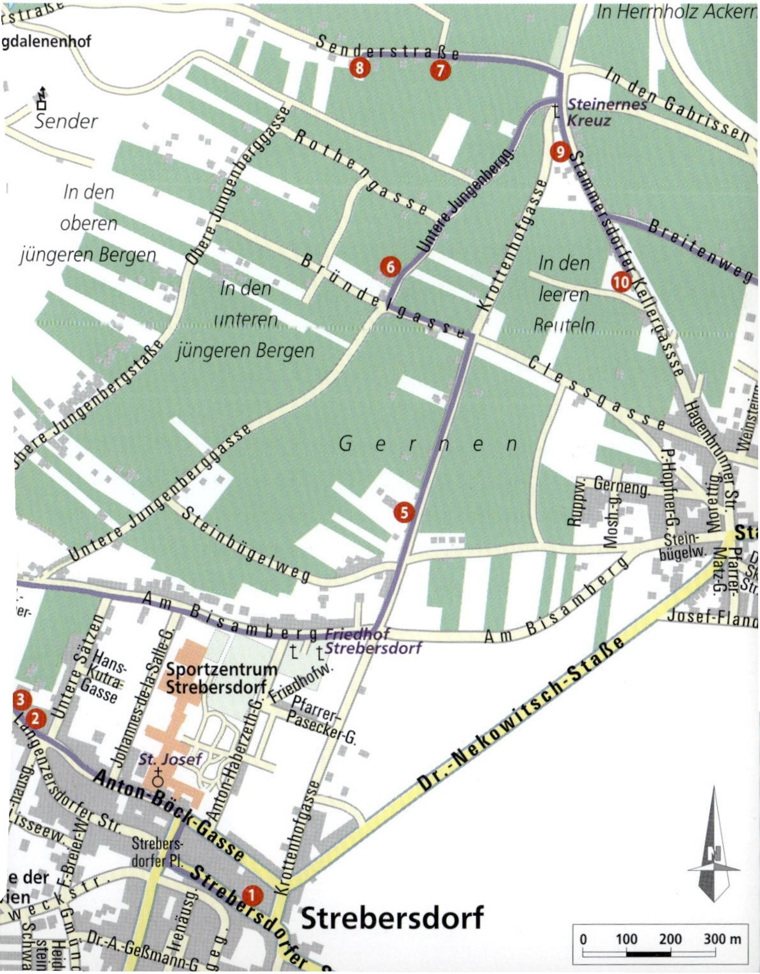

Strebersdorfer Heurigenfixpunkt: Heuriger Eckert

üppigen Fruchtigkeit; Intensität ist am Bisamberg zweifellos eher die Weineigenschaft als Fragilität.
Die Route klappert die interessantesten, besten und originellsten Weinbaubetriebe und Heurigen der Region ab, führt durch Kellergassen und über Weingärten. Die Steigungen sind minimal, die Wegstrecken allerdings beträchtlich, was die Benutzung eines Fahrrads durchaus sinnvoll erscheinen lässt.

Wir starten in Strebersdorf, dessen Bedeutung als Weinbauort natürlich weit hinter seiner Bedeutung als Schulort zurücksteht. Strebersdorf, das erst 1911 zu Floridsdorf und damit zu Wien kam, wurde im Laufe der Geschichte von so ziemlich jeder kriegerischen Horde bedrängt und verwüstet, die, in welche Richtung immer, durch Mitteleuropa zog, im Dreißigjährigen Krieg sogar von den Schweden. Startet man von der Endstation der Straßenbahnlinie 26 und folgt man der Rußberggasse, fallen sogleich die vielen Winzerhäuser rechts und links auf, die jenen des Weinviertels schon sehr ähnlich sind. Einige beherbergen noch heute Heurigen, andere wurden zu Pizzerien oder Wettlokalen, generell ging auch in Strebersdorf die Zahl der Weinbaubetriebe während der vergangenen Jahre stark zurück.
Am Strebersdorfer Platz biegen wir rechts in die Strebersdorfer Straße ein, wo wir bald beim ❶ **Heurigen Eckert** (**21., Strebersdorfer Straße 158, Tel. 01/292 25 96, www.eckert.co.at, in ungeraden Monaten und bis Mitte Dez. tägl. 14–23 Uhr**) ankommen, einem aufgeräumten Heurigen mit sauberen Eigenbauweinen und regelmäßigem Kulturprogramm.
Wieder zurück zur Rußbergstraße, rechts abbiegen und gleich wieder links in die Anton-Böck-Gasse, vorbei an der De la Salle Schule und in die Langenzersdorfer Straße zur ❷ **Buschenschank Strauch** (**21., Langenzersdorfer Straße 50a, Tel. 01/292**

53 41, www.weinstrauch.at, in ungeraden Monaten die ersten drei Wochen Mo–Fr 16–23, Sa, So 15–23 Uhr). Dieser Betrieb ist insofern interessant, als es sich bei Ernst Strauch um den hauptberuflichen Kellermeister der Wiener Sektkellerei Kattus handelt und sein Welschriesling-Frizzante daher verständlicherweise zu den besten Perlweinen aus Wiener Winzerhand zählt. Aber auch der Rest des Programms besticht durch Geradlinigkeit und Frische, der Heurige wurde vor kurzem umgestaltet und zeigt sich nun vielleicht etwas sehr akkurat. Ähnlich ist es gleich daneben bei ❸ **Herbert Schilling** **(21., Langenzersdorfer Straße 54, Tel. 01/292 41 89, www.weingut-schilling.at, in geraden Monaten Mo–Fr 16–24, Sa, So 15–24 Uhr),** dessen weitläufige Heurigenhalle in seiner unprätentiösen 1970er-Jahre-Anmutung stets einen ganz besonderen Reiz verströmte, der nun allerdings einem Wintergarten-Landhaus-Hallen-Stil geopfert wurde. Schade. Das Buffet, geleitet von Herbert Schillings Schwester, ist aber nach wie vor großartig und ein lebendiges Beispiel gebratener Üppigkeit. Schillings Weine sind über jeden Zweifel erhaben (er ist Präsident des Wiener Weinbauverbandes), vor allem der Grüne Veltliner, der Sauvignon blanc und die Rotweincuvée „Camilla". Und der Heurigengarten mit Nussbaum und Weingarten-Nachbarschaft ist immer noch einer der hübschesten im ganzen Bezirk.

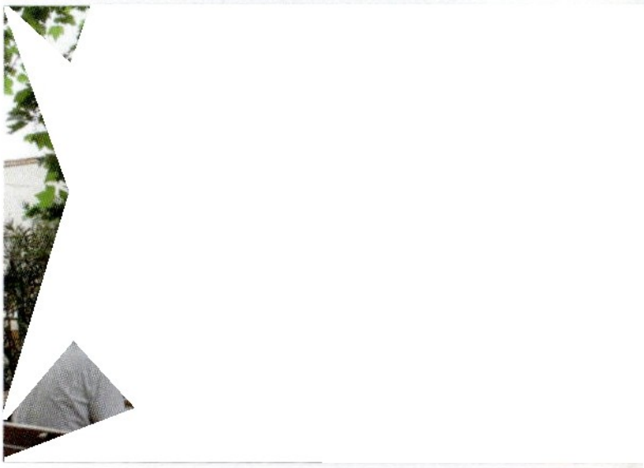

Buschenschank Strauch

Herbert Schilling

Wir biegen in die Fillenbaumgasse, von dieser gleich wieder rechts in die Donhofergasse ab und stoßen auf die Kellergasse/Am Bisamberg. Hier befindet sich direkt an der Stadtgrenze der Heurige von ❹ **Anton Petritsch** **(21., Kellergasse 241, Tel. 01/292 66 91, während der Öffnungszeiten Mi–Fr ab 16, Sa ab 15, So, Fei ab 11.30 Uhr),** der in den vergangenen 15 Jahren im-

Weingärten am Bisamberg

mer wieder mit tollen Rotweinen auf sich aufmerksam machte. Wir könnten jetzt schon über die Untere Jungenberggasse den Bisamberg hinaufstechen, folgen aber der Straße Am Bisamberg, passieren die (einzigen) Weingärten auf Strebersdorfer Ortsgebiet (alle anderen liegen auf Stammersdorfer Boden), das Sportzentrum und den Friedhof. Von hier geht nach links die Krottenhofgasse weg, deren unscheinbarer Name nicht erkennen lässt, dass es sich dabei um die schönste Kellergasse Wiens handelt. Man geht auf Kopfsteinpflaster, die Weinkeller – es werden wohl hundert sein – befinden sich in sehr unterschiedlichem Zustand, von gepflegter Liebenswürdigkeit bis zu bröselndem Verfall und morbidem Vergessen. Und das Tolle daran: Wenn man hier am Wochenende vorbeispaziert, sieht man in jedem zweiten Keller fröhliche Menschen in Blaumann und Unterleiberl sitzen, die ihrem winzigen Weingarten direkt hinter dem Keller jährlich ein paar Kübel Trauben abgewinnen, die sie in kleinen Obstpressen zu Most verarbeiten und den dann in irgendwelchen Plastikbehältern zu weinähnlichen Getränken vergären. Und wenn die Schnitttechnik oder die Gärführung mitunter auch haarsträubend sein mögen, der Enthusiasmus, der hier in den Weingärten des Bisambergs herrscht, ist absolut einzigartig, erstaunlich und bewundernswert. Wenn die Sonne scheint, hört man's überall lachen und singen – wunderbar, so muss es früher in Grinzing, am Nußberg, in Dornbach oder Ottakring wohl auch einmal gewesen sein.

Heuriger Petritsch

Es gibt hier aber natürlich auch Profis, zum Beispiel den sogenannten ❺ **Nichtraucherheurigen Deutinger** (21., Krottenhofgasse, Keller 30, Tel. 0699/12 72 62 44, April bis Nov. bei Schönwetter bis Sonnenuntergang), der nicht nur einen kleinen Bungalow mit Schank und ein paar Tischchen zur Verfügung hat, sondern vor allem auch eine lauschige Laube mit Bisambergblick. Hier kann man dann Riesling, Traminer und sogar Uhudler aus eigener Fechsung und zu unglaublich niedrigen Preisen trinken und essen, was die Küche gerade fertighat. Die Kellergasse gräbt sich nun immer tiefer in den Löß des Bisambergs, wird fast schon zur Schlucht. Wir biegen links in einen Hohlweg namens Bründelgasse ab, und von da gleich wieder rechts in die Untere Jungenberggasse: auch das eine Kellergasse, einige Meter unter Weingartenniveau, besonders eng, besonders schattig und mit besonders bizarr verfallenen Weinkellern. Irgendwo führt nach links ein steiler Treppensteig nach oben zur Buschenschank der Familie ❻ **Szüts** (21., Untere Jungenberggasse, Keller 7, Tel. 01/292 33 97, Fr–So, Fei 14–24 Uhr), eine Art Hütte mit ein paar Laubenterrassen rundherum – schon ein wenig improvisiert, dafür aber sehr, sehr abgeschieden. Die Treppe wieder runterzukommen ist nicht wirklich leicht, hat man die Jungenberggasse aber heil erreicht, folgen wir ihr weiter bergauf, wo sie ihr Niveau bald einmal jenem der Weingärten rechts und links angleicht und man wieder etwas von der wunderbaren Landschaft sehen kann.

Mitten im Weingarten: Szüts

Bald stoßen wir auf den großen Parkplatz am Ende der Stammersdorfer Kellergasse, den wir passieren und nach links in die Senderstraße einbiegen. Dieser könnte man nun, je nach Zeit und Kraft, bis zum Magdalenenhof folgen, mit schönem

Blick auf die Weingärten der Lagen „Wiesthalen", „Hofbreiten" und „Untere Falkenbergen", auf die Donau und die Stadt. Wir schlendern aber nur bis zum ❼ **Heurigen Zur Schildkrot** (21., Senderstraße 33, Tel. 01/290 08 97, www.zurschildkrot.com, April bis Okt. Mi–Fr 14–24, Sa, So 12–24, Nov. bis März Fr–So 10–24 Uhr), wieder so einer Verpflegungsstätte, die sehr den Eindruck einer Skihütte, nur am falschen Platz, vermittelt (sogar eine Holzterrasse mit Geländer gibt's). Wie der Schildkrot-Zweitbetrieb, der Heurige Hirt im Kahlenbergerdorf, profitiert man auch am Bisamberg primär von der Lage mitten in den Weingärten. Wein und Essen spielen eine eher untergeordnete Rolle. Ein paar Meter weiter befindet sich noch der ❽ **Heurige Zur Mittelstation** (21., Senderstraße 79, Tel. 01/292 53 75, Jän., März bis Juni, Aug. bis Nov. Sa, So ab 15, Mo ab 16 Uhr, members.aon.at/mittelstation) der Familie Klein, wo man in urigem Ambiente klassisches Heurigenprogramm zu Grünem Veltliner, Riesling und Neuburger serviert bekommt.

Heuriger zur Mittelstation

Mit etwas Glück kann man hier in der Gegend freilich jemanden finden, der für ein Wochenende in seiner Weingartenhütte aussteckt, sich darauf zu verlassen wäre aber frivol. Schon eher Verlass ist auf ❾ **Hans Peter Göbel** (21., Stammersdorfer Kellergasse 151, Tel. 01/294 84 20, während der Aussteckzeiten, ein bis zwei Wochen pro Monat, Mi–Mo ab 16, So ab 11 Uhr), dem ersten Heurigen der Stammersdorfer Kellergasse und zweifellos einer der interessantesten Betriebe in ganz Wien: Göbel hat ursprünglich Architektur studiert und mit Wein nur insofern zu tun gehabt, als sich seine Diplomarbeit mit der Gestaltung eines zeitgemäßen Wiener Weinguts und Heurigenbetriebs auseinandersetzte. Als er den elterlichen Betrieb 1991 von einem

Tag auf den anderen übernehmen musste, hieß es also lernen. Und das tat er, wurde bald zum Rotwein-Geheimtipp, gestaltete den kleinen Heurigen nach modernen Richtlinien um und experimentierte auch mit diversen kulinarischen Modellen. Aktuell läuft das so, dass Franz Karner, begabter Koch, der auch schon in Wiens Top- und Szenegastronomie tätig war, während der Aussteckzeiten zu Göbels Weinen kocht, und das meistens ziemlich mediterran, mitunter recht kreativ, immer aber mit einer gewissen Verbindung zur Heurigentradition. Besser kann man in Wien bei einem Heurigen jedenfalls nicht essen, und wer Göbels Zweigelt-Cuvées und den Blauburger kennt, kommt sowieso wieder.

Den Rest der Stammersdorfer Kellergasse kann man leider vergessen – sie ist eine Durchzugsstraße, was sinnliche Idylle nur schwer aufkommen lässt, und die zahlreichen Heurigen rangieren sowohl weinmäßig als auch gestalterisch und kulinarisch auf mittlerem Niveau. Eine Ausnahme stellt der ⑩ **Petershof** (21., Stammersdorfer Kellergasse 38, Tel. 01/292 55 02, 1. Maiwoche bis 1. Oktoberwoche Fr–So ab 17 Uhr) dar, das Projekt eines weiteren Architekten, Peter Urban, der hier am Bisamberg seit einigen Jahren durchaus beachtliche Bioweine keltert und Brettljausen serviert. Man kann vor dem Keller auf Heurigenbankerln sitzen, was okay ist, wenn nicht zu viele Autos vorbeifahren, oder aber im Gärtchen über dem Keller, mit Blick auf Kahlenberg und Wien, was einen erheblich höheren Romantikfaktor hat. Schräg gegenüber des Petershofs führt der Breitenweg mittels einer sehr, sehr steilen Kehre durch die Weingärten der Rieden „In den Breiten" und „Neusätzen". Dieser Weg ist nicht nur wunderschön, hier wachsen auch die mitunter besten Chardonnays

Petershof

und Pinots noirs der Stadt (und fallweise des Landes): in Fritz Wieningers ältesten Weingärten, deren Trauben zu den „Grand select"-Weinen gekeltert werden. Die letzte Buschenschank am Breitenweg schloss leider schon vor ein paar Jahren, den Liebreiz des Weges kann man nun also nur mehr spazierengehend erfahren. Bald zweigt der Weg nach rechts in die Neusatzgasse ab, die durch ein schattiges Kellerensemble führt, in dem vor allem am Wochenende reges Leben herrscht, und stößt schließlich auf die Clessgasse.

In diese biegen wir nach links ein und folgen ihr bis zur Kirche, die ihre Ursprünge im Mittelalter als romanische Wehrkirche und Teil einer Festung hatte, im Lauf der Jahrhunderte aber oft zerstört und neu gestaltet wurde. Hinter der Kirche führt ein netter Weg, die Liebleitnergasse, entlang des Pfarrhofs in den Ortskern von Stammersdorf, der seine ursprüngliche Anmutung eines Weinviertler Weinhauerdorfes noch sehr unverfälscht erhalten hat. Während des sogenannten „Mailüfterls" (Anfang Mai) und der „Stürmischen Tage" (Anfang Oktober) befindet sich Stammersdorf im Ausnahmezustand: Ausschank, kalte und warme Open-Air-Verpflegung, Programm und Jahrmarkt überall, wo man ein Heurigenbankerl oder eine Budel hinstellen kann; während dieser beiden Feste werden normalerweise auch Keller geöffnet, die sonst sehr verschlossen wirken.

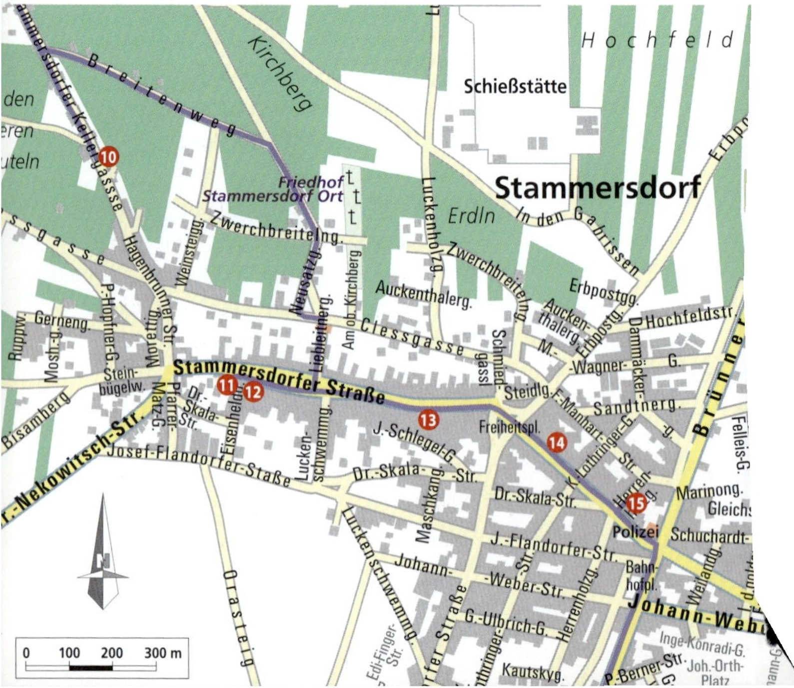

Gerhard Klager, Heim der Winzerkönigin

Heurige gibt es im Stammersdorfer Ortskern zahlreiche, das Niveau ist generell gut. Stellvertretend sei etwa ⓫ **Gerhard Klager** (21., Stammersdorfer Straße 14, Tel. 01/292 41 07, www.weingutklager.at, in ungeraden Monaten Mo–Fr 13–24, Sa, So 12–24 Uhr) genannt, ein Traditionswinzer, der mit seiner Frau einen nicht unattraktiven Heurigen mit bemerkenswertem 1970er-Jahre-Design führt. Der Garten ist zwar etwas karg, das Buffet entspricht dafür allen gängigen Vorstellungen, und auch die Weine sind absolut in Ordnung, was anderes wäre im Betrieb der 2007 inthronisierten Wiener Weinkönigin „Katharina I." ja wohl auch schlecht vorstellbar. Gleich daneben führt Leopold Klager seinen Betrieb, den ⓬ **Winzerhof Leopold** (21., Stammersdorfer Straße 18, Tel. 01/292 13 56, www.winzerhof-leopold.at, in geraden Monaten tägl. 14–23 Uhr). Klager zählt zu den Gründungsmitgliedern der Qualitätsvereinigung „Vienna Classic" (die heute freilich kaum mehr Bedeutung hat), er bietet neben tadellosen Weinen auch einen vier Jahre lang in Flaschen gereiften Zweigeltsekt sowie diverse Edelbrände an, dem Heurigen wurde durch Umbauten vor kurzem das übliche, etwas modernere Landhausambiente verliehen.

Am anderen Ende des Hauptplatzes kommt dann die weinmäßig zweifellos interessanteste Station nicht nur dieser Tour: Fritz Wieninger, Jahrgang 1966, fungiert seit Anfang der Neunzigerjahre als Qualitätspionier, Motor und lebendiger Beweis dafür, dass Wiener Wein nicht gleichbedeutend mit altmodischem Fusel oder Basis für den Gspritzten sein muss. Seine eher international gehaltenen Chardonnays, Pinots und Cabernet-Merlot-Cuvées erschütterten die gesamte österreichische Weinszene, mit der Übernahme der vier Hektar großen Riede „Ulm" am Wiener Nußberg im Jahr 1999 definierte er nicht nur den Gemischten Satz völlig neu („Nußberg Alte Reben"), sondern holte

Wieninger: beste Weine Wiens, Topqualität auch beim Heurigen

überhaupt die fast schon in Vergessenheit geratenen Toprieden des 19. Bezirks wieder auf die Bühne der önologischen Aufmerksamkeit. Mit seinem Riesling „Nußberg 2002" gewann er so ziemlich alle Titel, die man nur gewinnen kann, schlug bei Bewertungen nicht nur alle Wachauer, sondern gewann auch eine Vergleichsverkostung mit deutschen und Elsässer Toprieslingen. Mit der Gründung der Vermarktungsgemeinschaft „Wien Wein" 2006 lancierte er den aktuellen Wiener Weinboom, er fördert und unterstützt Quereinsteiger (z. B. Jutta Ambrositsch, Norbert Walter), jettet in Sachen Wiener Wein um die ganze Welt. Fritz Wieninger ist einer der wenigen österreichischen Weinsuperstars, bewundernswert vor allem, weil er nicht nur ein Checker und Networker erster Güte ist, sondern daneben auch noch ein Weinmacher mit unglaublich gutem Gespür und vor allem mit einer Weinvision.

Das Weingut von Fritz Wieninger verteilt sich derzeit noch auf zwei Standorte, wobei der alte Keller schon aus allen Nähten platzt und wahrscheinlich relativ bald in das moderne Designerweingut neben dem Stammersdorfer Pfarrhaus übersiedeln wird, wo sich schon das Flaschenlager und vor allem ein absolut eindrucksvoller, 300 Jahre alter Barriquekeller befinden (gegen Anmeldung zu besichtigen). Den ⓭ **Heurigen** der **Familie Wieninger** (**21., Stammersdorfer Straße 78, Tel. 01/292 41 06, www.wieninger.at, www.heuriger-wieninger.at, Mi–Fr 15–24, Sa, So 12–24 Uhr**) führt Fritz' Bruder Leo; auch hier wird man der hohen Erwartungshaltung gegenüber dem Betrieb absolut gerecht. Der – nach zahlreichen An- und Zubauten – schon ziemlich große Heurige verfügt über eine erstklassige Küche auf Restaurantniveau, aber auch die Ware aus der Vitrine übertrifft so ziemlich alles Vergleichbare. Keinesfalls auszulassen ist hier jedenfalls der Bohnensalat mit Kernöl.

Folgt man der Stammersdorfer Straße und passiert man den Freiheitsplatz, kommt man schließlich zum **⑭ Haus Schmidt** (21., Stammersdorfer Straße 105, Tel. 01/292 66 88, www .haus-schmidt.rh-at.com, Do–So 15–24 Uhr), dem Weingut und Heurigen von Josef Schmidt, der schon vor vielen Jahren mit Sauvignon blanc, Cabernet franc und Versektung experimentierte und sich zudem einen Namen mit seinen Edelbränden machte.

Erlebnisheuriger Haus Schmidt

Zwei Gassen weiter kommt man zur letzten Station in Stammersdorf, dem **⑮ Heurigen Reinbacher** (21., Herrenholzgasse 38, Tel. 01/292 75 09, Jän., März, April, Juni, Aug., Okt., Dez. Sa–Do ab 14 Uhr), einem der traditionellsten und zugleich authentischsten Betriebe in Stammersdorf. Auch hier wurde zwar leider ein Bereich angebaut, der mit dem alten Saal atmosphärisch nicht im geringsten mithalten kann. Der alte Saal aber, mit seinem Holzboden und den eng beieinanderstehenden Tischen und Bänken, wird von heiteren Senioren genauso gerne besucht wie von den Erforschern der wahrhaftigen Heurigenechtheit.

Hier empfiehlt es sich, für die Fortführung der Tour die Straßenbahnlinie 31 zu wählen und fünf Haltestellen bis zur Carabelligasse zu fahren. Von hier kommt man durch die Wannemachergasse und Baumergasse auf den Jedlersdorfer Platz, wo

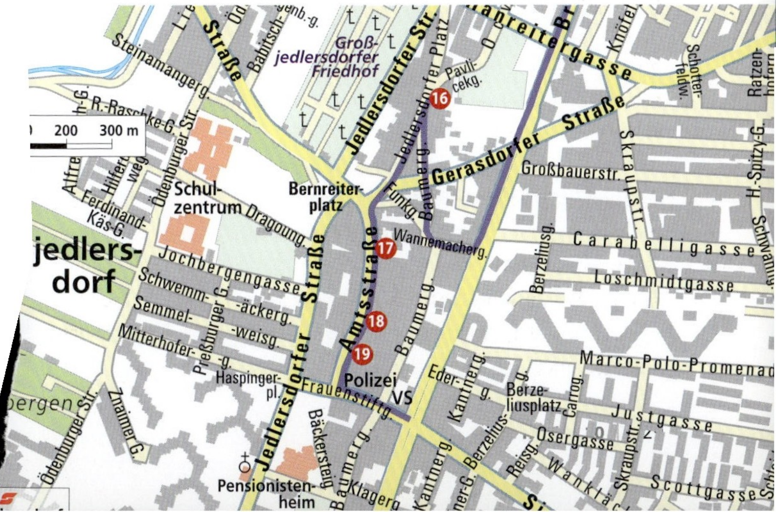

16 **Kurt Fuchs** (21., Jedlersdorfer Platz 29, Tel. 01/292 35 67, www.heuriger.co.at/fuchs, in geraden Monaten tägl. 15–24 Uhr) sein Weingut (Partnerbetrieb von Steinklammer in Mauer) und einen stimmungsvollen, mittels Arkaden etwas pannonisch getrimmten Heurigen führt. Bekannt ist Kurt Fuchs vor allem für seine extrem farbintensiven Rotweine der Sorten Zweigelt, Merlot, Cabernet Sauvignon, Blauburger und Shiraz.

Der Jedlersdorfer Platz mündet nach ein paar Häusern in den Bernreiterplatz und von diesem führt die Amtsstraße weg. Hier ändert sich das Bild schlagartig: Entspricht Großjedlersdorf mittlerweile schon völlig dem nicht besonders attraktiven Floridsdorfer Stadtbild, mit breiten Straßen, Wohntürmen und der typischen suburbanen Infrastruktur, so herrscht in der Amtsstraße noch heile Welt. Winzerhäuser, Baumreihen und natürlich die kleine Wallfahrtskirche zum Heiligen Borromäus „Klein Maria Taferl" mitten auf der Straße. Das Ortsbild ist erstaunlich gut erhalten, und absolut erstklassig sind auch die drei Weingüter, die hier ihre Heurigen betreiben. Zuerst 17 **Karl Lentner** (21., Amtsstraße 44, Tel. 01/292 51 23, www.karl-lentner.at, in geraden Monaten tägl. 14.30–24 Uhr), ein Winzer, der in den vergangenen Jahren mit seinen extrem konzentrierten Grünen Veltlinern („GV Total") und Chardonnays regelmäßig die Topbewertungen der Wiener Landesweinkost abräumte; der Heurige des Betriebs ist groß, modern und vergleichsweise nüchtern gehalten.

Stammersdorfer Kellergasse

Der Nächste ist 18 **Peter Bernreiter** (21., Amtsstraße 24–26, Tel. 01/292 36 80, www.bernreiter.at, in geraden Monaten Mo–Fr 14–24, Sa 12–24, So 11–23 Uhr), ein sympathischer Routinier

Dynamisches Weingut, Designerkeller und -heuriger: Weingut Christ

nicht nur in Sachen Chardonnay, Weiß- und Grauburgunder, reinsortig als auch in der Cuvée (auch der Grüne Veltliner „Jungenberg" ist erstklassig), sondern auch im Veranstalten seiner mittlerweile renommierten Heurigen-Opernfestivals im Mai.
Und schließlich ⓳ **Rainer Christ** **(21., Amtsstraße 10–14, Tel. 01/292 51 52, in ungeraden Monaten tägl. ab 15 Uhr)**, Großjedlersdorfs Beitrag zum Wiener Weinwunder: Rainer Christ ist ein junger, aparter Mann mit weltläufiger Ausstrahlung, der schon vor einigen Jahren mit seinem „Vollmondwein", einem bei Vollmond gelesenen Weißburgunder, für Aufsehen und hohe Bewertungen sorgte. Im Zuge dieses Imageschubs wandelte sich der junge Mann zu einem der Topwinzer Wiens, baute 2006 einen beachtlichen, hochmodernen Designerkeller (Weintransport komplett ohne Pumpen, nur freier Fall) samt weitläufigen Verkosträumen und einem Gartenbereich, der unmittelbar an den – immer noch sehr traditionellen – Heurigen anschließt. Christs Riesling „Alte Reben" oder der Grüne Veltliner „X" sind erstklassig, die rote Cuvée „Mephisto" fast schon ein Klassiker und der Gemischte Satz „Bisamberg" einer der besten der Stadt. Hinsichtlich des Gemischten Satzes zählt Rainer Christ überhaupt zu den sehr interessanten Persönlichkeiten: Er war der Erste, der einen Weingarten – ganz nach alter Methode – wieder völlig wild gemischt aussetzte, das Ergebnis müsste bald zu kosten sein.
Über die Frauenstiftgasse gelangen wir schließlich wieder zur Brünner Straße und beenden diese lange Tour.

Glossar

Der Wein hat sein eigenes, spezielles Vokabular, und Wien hat auch sein eigenes, spezielles Vokabular. Im Folgenden ein paar Begriffserklärungen, die das Verständnis beim Wandern vielleicht ein wenig erleichtern.

Achtel/Sechzehntel

Die gängigen Formate ausgeschenkten Weins, zumindest, wenn es sich um guten beziehungsweise sehr guten Wein handelt. Das „Achtel" (0,125 Liter) ist in Wien Standard, das Zehntel (0,1 Liter) kommt in der Gastronomie durchaus hin und wieder vor, das „Sechzehntel" (0,0625 Liter) wird eigentlich nur bei Verkostungen akzeptiert.

ausgsteckt, Aussteckzeiten

Damit sind die Öffnungszeiten traditioneller Heurigen und Buschenschenken gemeint, die mitunter nur einige Wochen oder Monate pro Jahr geöffnet haben.

Barrique

Das kleine Fass aus neuem Eichenholz, auf der Innenseite „getoastet", 225 Liter fassend. Barriques werden in Österreich seit den 1980er-Jahren für den Ausbau mächtiger Rotweine oder besonders massiver Weißweine – Chardonnay, Grüne Veltliner der Topkategorie – verwendet und verleihen den darin gereiften Weinen einen mitunter vanilligen, karamelligen Geschmack.

Baumpresse

Weinpresse, wie sie über die Jahrhunderte hinweg benutzt wurde. Benannt nach einem massiven Querbalken, dem „Baum", der mit seinem Gewicht von oft mehreren Tonnen Druck auf die Traubenmaische im Presskorb ausübte. Die Methode gilt als extrem aufwendig, sehr langwierig, allerdings auch als überaus schonende Vorgangsweise. Wird heute nur mehr in wenigen Einzelfällen angewendet.

biodynamisch

Die am strengsten reglementierte Form des biologischen Anbaus. Basis ist die anthroposophische Lehre Rudolf Steiners. Neben dem Verzicht auf chemische Dünge- und Spritzmitteln und Reinzuchthefen ist der Kreislauf ein wesentliches Merkmal. Einige Elemente dieser Methode führen fraglos in den esoterischen Grenzbereich.

Brache

Zur Bodenerholung absichtlich stillgelegte Fläche, beziehungsweise wegen Unwirtschaftlichkeit oder betriebsinternen Gründen nicht weiter bewirtschaftete Fläche. Weingärten, die über mehrere Jahre hinweg nicht gepflegt werden und damit den Schädlingsdruck auch für angrenzende Anlagen erhöhen, werden in Wien zwangsgerodet. Die Administrierung dieser Regel wird allerdings recht nachlässig gehandhabt.

Buschenschank

Die einfachste und ursprünglichste Form der Ausschank: Nur eigener Wein, nur kaltes Buffet, das nach wie vor einer gewissen Typizitätsklausel zu entsprechen hat, nur in Katastralgemeinden mit Weinbau und nur an höchstens 200 Tagen pro Jahr. Das Buschenschankgesetz ist Landesangelegenheit, das Wiener Buschenschankgesetz wurde 2006 zum letzten Mal geändert (gelockert).

Cuvée

Verschnitt von Weinen verschiedener Rebsorten oder verschiedener Rieden. Kellertechnisches Mittel, um entweder ein über die Jahre hin relativ gleiches Standardprodukt herzustellen, oder aber um die bestmögliche Kreation zu erlangen.

Doppler

Vor allem in der Nachkriegszeit und bis in die 1980er-Jahre gebräuchliches Standardformat der österreichischen Weinwirtschaft: die 2-Liter-Flasche. Mittlerweile kaum noch anzutreffen, wird im Wesentlichen nur für Schankweine einfachster Güte verwendet.

Gemischter Satz

Die bis in die 1950er-Jahre übliche Form der Weinbereitung, die dann weitgehend von der sortenreinen Rebkultur verdrängt wurde, sich in Wien aber bis zu einem gewissen Grad erhielt: Mehrere Rebsorten (bis zu zwanzig verschiedene) wurden in einem Weingarten vermischt gepflanzt, um einerseits Schäden durch Witterungseinflüsse aufgrund der unterschiedlichen Sensibilitäten der einzelnen Rebsorten besser ausgleichen zu können; andererseits konnte man einen persönlichen Wein auf diese Weise auch ein wenig individuell – oder nach der lokalen Tradition – stylen. Üblich waren etwa Mischungen von körperreichen Sorten wie Neuburger und Weißburgunder, säurereichen Sorten wie Riesling, aromatischen wie Traminer und duftigen wie Müller-Thurgau. Das österreichische Weingesetz führt den „Gemischten Satz" als eigene Rebsorte (wenngleich recht vage definiert), vorgeschrieben ist jedenfalls die gemeinsame Lese aller Rebsorten (mindestens zwei) an ein und demselben Tag. Die Gruppe „Wien Wein" manifestierte 2007 eine sehr viel strengere Definition für ihre eigenen „Gemischten Satz"-Weine.

glasweise

Ausschank von Bouteillenweinen im Achtel- oder Sechzehntelformat.

Grüner Veltliner

Mit etwa 36 Prozent des Gesamtaufkommens zweifellos die österreichische Hauptsorte, auch in Wien mit 32,5 Prozent die wichtigste Rebsorte. Die Herkunft des Grünen Veltliners ist nach wie vor weitgehend unklar, es dürfte sich aber um eine Kreuzung von Traminer mit einer anderen Rebsorte handeln, als nächster Verwandter des Grünen Veltliners gilt der in der Thermenregion heimische Rotgipfler. Das qualitative Spektrum des Grünen Veltliners reicht vom einfachen, leichten, pfeffrigen Schankwein bis zu hochkomplexen Powerweinen mit Aromen von exotischen Früchten.

Hektar

Maßeinheit für landwirtschaftliche Nutzfläche. Ein Hektar misst hundert mal hundert Meter, umfasst somit 10.000 Quadratmeter. In Wien existieren derzeit 680 Hektar Rebfläche, das Potenzial liegt bei maximal 750 Hektar. Ein Weinbaubetrieb mit etwa zwei Hektar Weingärten gilt in Wien als lebensfähig, wenn auch Buschenschank oder Heuriger betrieben wird.

Heuriger I

Der Heurige ist immer noch jener Ort, bei dem der größte Teil des Wiener Weins verkauft und getrunken wird, früher zu über neunzig Prozent, mittlerweile dank steigendem Handel, Export, aber auch Ausschank in der Wiener Gastronomie längst nicht so dominant. Der Heurige ist ein mehr oder weniger rustikales Lokal, in dem Bier und Kaffee nicht ausgeschenkt werden dürfen (was sich mittlerweile allerdings geändert hat), und in dem man sich sein Essen selbst beim Buffet holt (gilt auch nur mehr bedingt). Das Prinzip des Heurigen wird mittlerweile mannigfaltig interpretiert, teilweise kreativ und originell, teilweise eher in Richtung Rationalisierung, Effektivität und Gewinnmaximierung. Wie auch immer, der Heurige ist in Wien ein Faktor, um den man beim Wiener Wein nicht herumkommt.

Heuriger II

Als Heuriger gilt auch der aktuelle Wein eines Weingutes (immer davon ausgehend, dass es nur einen Wein gibt, was heute kaum mehr der Fall ist – weshalb als „Heuriger" zumeist der einfachste Schankwein gehandelt wird). Er darf vom 15. November („Martini") nach der Lese bis zum 15. November des Folgejahres unter dieser Bezeichnung verkauft werden, danach läuft er unter „Alt" oder „Altwein". Diese Kategorien sind allerdings nicht mehr sehr gängig.

k. u. k. Hoflieferant

Der kaiserlich-königliche Hof verlieh das Privileg, Waren an den Hof zu liefern und diese Bezeichnung zu tragen. Waren es ursprünglich nur einige wenige Unternehmen, die dieses Privileg erhielten, war im späten 19. Jahrhundert eine Inflation des Titels festzustellen: Allein in Wien trugen mehr als 500 Unternehmen den Titel eines „k. u. k. Hoflieferanten".

Kellergasse

Gasse, Straße, von der aus Keller in den Hang gegraben wurden. Besonders bei Lößhängen ein klassisches Bild, im Weinviertel, im Kamp- oder Kremstal bieten derartige Kellergassen ein malerisches Bild, auch in Wien existieren einiger solche Kellergassen.

Lage

Weinfachsprachlich für Weinberg beziehungsweise für die Qualitäten eines Weinbergs: Gute Lage bedeutet, dass Hangneigung, Wasserversorgung, Abfluss von Frost und Feuchtigkeit optimal sind und Weinbau auf diesem Hang gute Ergebnisse bringen kann. Eine Lage (etwa Nußberg oder Bisamberg) wird wiederum in einzelne Kleinlagen, Rieden und Subrieden unterteilt, die sich in ihren Eigenschaften mitunter drastisch voneinander unterscheiden.

Liptauer

Ein absoluter Klassiker am Heurigenbuffet, für manche sogar der Qualitätsindikator eines Heurigen: ein Aufstrich aus Butter, Brimsen (Schaffrischkäse), Topfen, Paprika, Sardellenpaste und noch weiteren Zutaten wie gehackten Gurkerln, Kümmel und Kapern. Es gibt zahllose Varianten, Liptauer ohne Brimsen allerdings darf diesen Namen eigentlich nicht tragen und wird von Enthusiasten ebenso abgelehnt wie Liptauer auf Margarinebasis.

Önologie, önologisch
Die Lehre vom Wein, die Lehre den Wein betreffend

Prosecco
Eine weiße Rebsorte aus dem Veneto, die nicht nur erstaunliche Ertragsmengen erlaubt, sondern traditionell auch mit dem leichten Überdruck der Gärungskohlensäure („Frizzante") abgefüllt wird. Seitdem Prosecco ein industriell hergestellter Massenwein ist, wird Kohlensäure dem mehr oder weniger neutralen Wein natürlich auch zugesetzt.

Reblaus
Ein Schädling, der in den Sechzigerjahren des 19. Jahrhunderts aus Amerika eingeschleppt wurde und in den folgenden fünfzig Jahren die Rebkulturen in ganz Europa drastisch schädigte. Die Fortpflanzung des Insekts ist höchst kompliziert: Die Reblaus durchläuft mehrere Stadien und Generationen, teils unterirdisch, teils überirdisch. Schädlich ist vor allem die Wurzelreblaus, die durch Saugen an den feinen Wurzeln des Rebstocks zu einer Knotenbildung führt, die in der Folge zu einer Unterversorgung und dem Absterben des Rebstocks führt. Die Lösung fand man in Frankreich und den USA, indem man europäische Reben auf reblausresistente Unterlagsreben aus Amerika aufpropft. Der entstandene Schaden war enorm: Allein in Frankreich wurden 2,5 Millionen Hektar Weingärten vernichtet. Durch die Klimaerwärmung und verwilderte Weingärten nimmt die Bedrohung durch die Reblaus derzeit übrigens wieder zu.

Riede
Historisch (Besitzverhältnisse) oder natürlich (Begrenzungen, Gräben, Hügel, Geländestufen) bedingter Teilabschnitt einer Lage. Durch unterschiedliche Bodenstrukturen können Weine von unmittelbar nebeneinanderliegenden Rieden völlig unterschiedliche Qualität aufweisen.

Riesling
Weiße, aromatische, spätreifende Rebsorte mit niedrigen Erträgen, gilt gemeinhin als der „König der Weißweine". Zeichnet sich durch klare, feine Säure, komplexes Duftbouquet von Pfirsich über Marille bis Blüten aus und kann das mineralische Profil eines Bodens verdeutlichen. Riesling ist in Wien mit 17,2 Prozent (83 ha) überproportional stark vertreten.

Smaragd
Wachauer Bezeichnung für die Topkategorie der vereinsinternen Klassifizierung der „Vinea Wachau": Mindestalkohol von 12,5 Prozent, Verkauf nicht vor dem 1. Mai im Jahr nach der Lese. Generell ist ein Smaragd eine trockene Spätlese oder Auslese.

Start-up-Wineries
Schnell gewachsene oder entstandene Weingüter von Quereinsteigern oder jung-dynamischen Karrierewinzern.

Sturm
Angegorener, restsüßer Traubensaft, trüb und mit reichlich Kohlensäure versehen. Im Herbst beim Heurigen äußerst beliebt, vor allem zu heißen Maroni sehr begehrt.

Terroir
Derzeit Modebegriff in der Weinwelt, oftmals fehlinterpretiert oder missverstanden. Gemeint ist darunter das Zusammenspiel von speziellen weinbautechnischen Eigenschaften einer Lage (kleinklimatisch, geologisch) in Verbindung mit Tradition und der individuellen, nachvollziehbaren Note eines Herstellers. Wein mit „Terroir" ist generell ein solcher, bei dem man über Jahre und Jahrzehnte hindurch seine Herkunft und seinen Hersteller in positiver Weise herausschmecken kann.

Uhudler
Wein von amerikanischen Hybridreben ohne Veredelung. Im Südburgenland, wo diese Weine Tradition haben, ist die Herstellung und der Verkauf von Uhudler gestattet, sonst eigentlich nicht. Es gibt rote und weiße Uhudlerreben, sie wachsen meist in Lauben, die Trauben verströmen einen intensiven Walderdbeerduft (der sich auch im Wein wiederfindet) und besitzen eine gallertige Konsistenz.

Unterboden
Geologische Bodenstruktur unterhalb der Humusschichte. Der Unterboden wird von den Wurzeln eines Rebstocks, die bis zu 15 Meter tief reichen können, tangiert und beeinflusst je nach Mineralität und Vielfalt den Geschmack eines Weins.

Zweigelt
Rote Hauptrebsorte in Österreich und in Wien (41 Prozent des Rotweinbestandes). Benannt nach Friedrich Zweigelt, der diese Rebsorte 1922 in Klosterneuburg aus St. Laurent und Blaufränkisch kreuzte. Der Zweigelt ist weitgehend die einzige Neuzüchtung, die sich am österreichischen Markt auch auf der Qualitätsebene durchsetzen konnte. Zweigelt-Weine der Spitzenklasse bestechen durch Kraft und füllige Struktur bei zugleich intensiver, kirschig-weichseliger Frucht.

Der Autor

Florian Holzer, geboren 1966, Studium der Publizistik und sonst noch so einiger Dinge. Seit 1988 Beislkritiker beim Falter, seit 1989 Redakteur des Lokalführers „Wien, wie es isst" im Falter Verlag, Autor bei diversen Magazinen und Zeitungen; seit 2006 Restaurantkritiker in der Kurier-Beilage „Freizeit" und Chefredakteur des „Gault Millau WeinGuide". Seit 2004 Hobbywinzer in Wien. Zahlreiche Artikel zum Thema im In- und Ausland.
In der Reihe Falters CITY*walks* erschien von ihm der Band „Wiener Szenelokale" und „Wiener Delikatessen".